NOUVEAU CODE CIVIL

PROPOSÉ

A LA NATION FRANÇAISE,

ET SOUMIS

A L'ASSEMBLÉE NATIONALE.

Par M. D'OLIVIER D. ès D.

1789.

CODE CIVIL

PROPOSÉ

A LA NATION FRANÇAISE,

ET SOUMIS

A L'ASSEMBLÉE NATIONALE.

Par M. D'OLIVIER D. ès D.

1789.

AU ROI.

IRE,

LA plus grande bienfaisance d'un Roi consiste, vous le savez, dans sa plus parfaite justice, & les bonnes loix ſont le plus ferme appui du bonheur d'une nation. Permettez donc que je ſerve les intentions de votre cœur bienfaiſant, en préſentant à l'Aſſemblée nationale convoquée par les ordres de VOTRE MAJESTÉ, le réſultat d'une étude faite ſur la Juriſprudence civile, cette partie de la légiſlation que des abus précédens ont rendu la plus difficile de toutes à débrouiller.

A
L'ASSEMBLÉE NATIONALE,

MESSEIGNEURS,

AVANT d'oſer préſenter à votre auguſte Aſſemblée la rédaction d'un nouveau Code civil, j'ai dû m'aſſurer des baſes ſur leſquelles je fonderois le plan de cette rédaction. La principale baſe, dont j'ai fait choix, eſt la conciliation des coutumes françaiſes que j'ai cru devoir ramener vers ce point fixe de réunion, ſavoir : *La conciliation de la Coutume de Paris avec les Loix romaines les plus juſtes, & les plus conformes à la raiſon naturelle.*

Sans doute, on n'a besoin que de réunir les règles immuables de raison & d'équité à des loix positives convenables pour former un Code suffisant. Mais il me semble qu'un entier renouvellement de la législation civile ne peut s'opérer sans avoir égard à la jurisprudence précédente. C'est seulement, en appréciant les diversités des loix coutumières, qu'on peut établir entr'elles cette uniformité si désirable. Il faut donc que le travail du Juriste précède celui du Législateur.

Agréez, MESSEIGNEURS, que je soumette respectueusement aux lumières de votre Assemblée un choix d'articles législatifs dont la plupart sont puisés dans une jurisprudence tellement compliquée, qu'on diroit qu'ils sont retirés du milieu d'anciens décombres où ils étoient ensévelis.

MAXIMES PRINCIPALES

Qui ont dirigé la rédaction du Code proposé.

PREMIERE MAXIME.

Le Code civil doit être assez brief, pour que les loix qu'il contient puissent être facilement apprises & sues par tous les Citoyens un peu lettrés, ou communiquées par ceux-ci aux autres Citoyens non lettrés. (a)

J'ai prouvé que les inconvéniens résultants de la briéveté d'un Code civil sont infiniment moindres que ceux qui s'ensuivent d'un Code volumineux & compliqué. (b) J'ai même fourni les moyens de parer aux premiers de ces inconvéniens.

L'étendue donnée au Code que je propose, a été déterminée par le nombre de loix qu'il m'a paru

---

(a) Voyez l'avant-propos de mon Ouvrage intitulé : *Principes du Droit civil romain*, ainsi que le premier vol. *de la reforme des loix civiles*, chap. I. sect. I.

(b) *Ibid.* page 317.

fuffifant d'admettre pour régler les décifions des Juges, en élaguant, rélativement aux cas particuliers, les textes de légiflation qui gênent le fentiment naturel d'équité des mêmes Juges, lorfqu'il s'agit d'interpréter ces textes dans une multitude d'autres cas non prévus par le Légiflateur. Je me fuis encore réglé fur la dépravation actuelle des mœurs qui peut pénétrer jufques dans les tribunaux de Juftice, & qui exige que le légiflateur laiffe aux Juges le moins qu'il foit poffible de faculté arbitraire de juger. Mais, comme cette faculté arbitraire eft néceffaire à certains égards, j'ai fuppofé que l'admiffion d'un nouveau Code, iroit de pair avec des loix établies par l'Affemblée nationale pour affurer le meilleur choix des Membres de la Magiftrature.

MAXIME II.

Il faut que dans un Code, les loix naturelles d'équité ou de raifon foient féparées d'avec les loix pofitives ou arbitraires.

Ce n'eft point fans motifs que de grands Magiftrats ont défiré qu'on difcernât clairement ces deux fortes de loix. Les premières ne peuvent fe commenter qu'à l'aide de la raifon & des lumières naturelles. Les fecondes s'interprétent auffi par le même fecours. Mais il faut de plus fe propofer dans leur interprétation l'examen des motifs ou intentions qu'a eues le Légiflateur en les établiffant. Celles-ci appartiennent un peu plus à l'homme ; les autres appartiennent, pour ainsi dire, uniquement à la nature. Pour les diverses applications d'une loi positive inventée par l'homme, il faut quelquefois recourir au Législateur qui l'a inventée ou à celui qui représente le Législateur, tandis que pour l'interprétation des loix naturelles, il n'est jamais besoin de demander d'explication, ni d'addition, ni de modification à aucun Législateur mortel.

Pour discerner ces deux espèces de loix, je me suis contenté de mettre ici les loix naturelles en lettres italiques. Ainsi j'ai pu suivre librement l'ordre des matières & ai rédigé deux Codes, l'un positif, l'autre naturel qui n'en forment qu'un seul. Il suffira de savoir que les loix écrites en lettres rondes pourront être changées ou modifiées par le Législateur, à mesure qu'il reconnoîtra la nécessité de ces changemens ou modifications.

En marquant cette différence des textes de la législation, je fournis un moyen bien facile d'avancer la conciliation des Coutumes diverses. Car, en discernant les loix naturelles ou de raison universelle, & en comprenant toute la force des motifs qui nous portent impérieusement à nous soumettre à ces loix, on deviendra, dans chaque Province, disposé à renoncer aux articles du droit coutumier qui contrarient ces sortes de loix, & l'on aura fait un grand pas vers l'uniformité du Code.

MAXIME III.

Toutes les parties de la légiſlation doivent aboutir à un centre d'unité, ſoit relativement au but que le Légiſlateur ſe propoſe, ſoit par rapport à la puiſſance unique d'où émanent les forces d'exécution.

J'ai fourni dans mes précédens ouvrages le développement de cette importante vérité.

MAXIME IV.

La légiſlation a pour but unique le plus grand bonheur de la ſociété, & c'eſt d'une autorité unique, qui s'éclaire le plus qu'elle peut pour tendre à ce but, qu'émanent toutes les forces d'exécution.

MAXIME V.

Le moyen le plus éclairé que la puiſſance légiſlative ait pour tendre à ce but, eſt de ſe conformer à la raiſon univerſelle des ſujets de l'État.

Ce qui eſt vrai, ce qui eſt juſte, ce qui eſt utile au public, eſt facilement reconnu par l'univerſalité des citoyens. Les paſſions particulières qui obſcurciſſent le ſens d'un individu, ſont ſi diverses & se croisent tellement çà & là dans une grande société, que la voix publique sur une vérité de droit naturel est constamment dominante. Bien plus la voix du public qui a été suffisamment éclairé sur une loi positive généralement utile, devient dominante par une suite de cette raison universelle, dont les hommes sont doués. De-là on peut conclure que le Monarque d'un peuple barbare doit agir seul pour l'établissement des loix positives, ou bien ne consulter parmi ses sujets qu'un petit nombre d'hommes distingués par leur sagesse. Mais un peuple civilisé, ou chez lequel l'instruction est répandue, gagnera beaucoup en adoptant des formes constitutionnelles propres à réunir à l'entour du trône les lumières de l'universalité des citoyens.

MAXIME VI.

Cette raison universelle d'un peuple actuellement civilisé conduit aux mêmes vérités que celles dont les peuples civilisés de la plus haute antiquité ont été convaincus.

Cela s'applique aux loix générales de raison & d'équité, ou même aux principales règles de législation. (*c*)

(c) Voy. *civilis doctrinæ analysis philosophica*; *essai sur la conciliation des Coutumes françaises.*

MAXIME VII.

Plus les loix positives rentreront dans la classe des loix naturelles, ou se rapprocheront d'elles, plus elles seront parfaites.

J'ai aussi développé cette vérité en traitant en général de la rédaction des loix dans les Monarchies : cette maxime est la même que si l'on disoit, qu'on doit conformer, le plus qu'il est possible, les loix positives à la raison naturelle des hommes. Ainsi (pour me servir d'un exemple que j'ai donné ailleurs), une juste division de l'héritage entre les enfans du même père doit se rapporter 1°. à l'égalité naturelle qui régne entre tous les hommes, 2°. à certains avantages d'une famille qui dépendent d'une certaine inégalité des portions de l'héritage paternel, 3°. à la juste étendue des pouvoirs du chef de famille, comme à la juste étendue du droit de propriété.

Pour régler un semblable point de législation positive, en généralisant, comme je viens de le faire, les objets qu'on doit avoir en vue, il faut les combiner & les balancer l'un par l'autre, afin d'obtenir les dispositions les plus conformes à la raison qui sont en même tems les plus utiles.

MAXIME VIII.

Pour convenir à la raiſon de l'univerſalité des ſujets d'un État, la loi doit traiter les hommes avec égalité.

Le calcul eſt ſimple. On ne peut contenter tout le monde, ou pour mieux dire, on ne peut contenter la plus grande multitude qu'en traitant tous avec égalité. Les privilèges accordés à un petit nombre détruiſent cette égalité & mécontentent la multitude, à l'exception de certains privilèges qui, par cela même qu'ils ſont accordés à un petit nombre, ſont utiles à l'Etat & deviennent ainſi avantageux à la multitude. Si les privilèges étoient accordés à la majeure partie de la Nation, ils ne ſeroient plus privilèges. Il y auroit une partie des Nationaux dont la condition ſe rapprocheroit de celle des Serfs ou de celle des Ilotes de Lacédemone, & une telle combinaiſon politique ſeroit monſtrueuſe.

Mais obſervons dans quel ſens il faut entendre l'égalité que les loix entretiennent. Le Légiſlateur ne peut rendre tous les ſujets de l'État égaux, pas plus qu'il peut les rendre tous de la même taille, de la même force, du même âge, de la même ſanté. Ce n'eſt point le Légiſlateur qui nous donne notre propriété ; c'eſt plutôt par notre travail que nous l'acquerons, ou bien elle nous eſt dévolue par un droit naturel ou civil. Le

Législateur empêche seulement que nous acquerions nos propriétés d'une manière injuste. Dans les moyens qu'il emploie, il traite tous les sujets également. Tous peuvent s'enrichir par droit d'héritage, par donation, par le travail ou l'industrie, par le commerce, par acte de société ou en vertu d'une convention. C'est ainsi que tous les citoyens sont égaux aux yeux du Législateur. C'est ainsi qu'égalité signifie justice.

MAXIME IX.

Il faut que les sujets vivent plutôt sous l'empire de la Loi, que sous celui du Monarque ou du Magistrat. Or, plus on cherche dans une législation à prévoir tous les cas particuliers, moins on prévoit réellement le plus grand nombre de ces cas. (d) *En même temps plus les Juges se trouvent embarrassés dans leurs décisions des cas qui n'ont pas été prévus, & deviennent ainsi maîtres de juger arbitrairement* (e); *ce qu'il importe d'éviter.*

Cette maxime contient une vérité dont la preuve nous est fournie journellement dans la pratique.

(d) Voy. *De la rédaction des loix dans les Monarchies* p. 17.

(e) *Ibid.* pag. 161.

Elle s'accorde parfaitement avec l'autre maxime suivant laquelle le Code doit être brief. Ainsi tout se tient, tout se lie dans le systême de la nature.

MAXIME X.

Le plus grand bonheur de la société qui est le but unique de la législation, ou qui est le centre d'unité, auquel toutes les parties de la législation doivent aboutir, consiste dans la jouissance la plus abondante, & en même temps la plus juste des biens auxquels les Membres de la société doivent participer.

MAXIME XI.

Cette jouissance la plus abondante dérive des loix évidemment utiles & dont l'expérience doit prouver l'utilité ; elle ne peut être la plus abondante relativement à l'universalité des sujets qu'en tant que l'égalité est observée, telle que nous l'avons ci-dessus définie.

MAXIME XII.

Cette jouiſſance ne peut être la plus juſte, qu'en tant que le Légiſlateur s'eſt efforcé d'entretenir, d'encourager les bonnes mœurs ou d'améliorer les mœurs dépravées.

De cette dernière maxime de rédaction, doivent s'enſuivre : 1°. la ſurveillance du Gouvernement ſur l'éducation morale de la jeuneſſe, 2°. l'établiſſement de la puiſſance paternelle qui eſt la baſe de cette éducation, ſur-tout pour les enfans qui ne ſont point confiés à des inſtituteurs publics ; 3°. les encouragemens donnés par le gouvernement aux Citoyens diſtingués par leurs vertus, ou par leurs travaux ; 4°. les juſtes punitions décernées contre les criminels ; 5°. la néceſſité de faire régner la bonne foi dans les contrats exprès, ou dans les engagemens tacites entre Concitoyens. 6°. Les bornes que la juſtice aſſigne à la faculté de diſpoſer de ſes biens par donation ou par teſtament ; 7°. les faveurs que la légiſlation accorde aux mariages, faveurs qui rendent le mariage reſpectable, en adouciſſent le nœud, en même tems qu'ils rendent ce nœud plus fort & plus ſacré.

En un mot, les articles les plus importans de la légiſlation découlent immédiatement de cette dernière maxime.

CODE

CODE CIVIL
FRANÇAIS.

ARTICLE PRÉLIMINAIRE.

LA nature & la raiſon inſpirent tous les devoirs qui ſont impoſés à chaque individu de l'eſpèce humaine. Ce Code non écrit eſt gravé dans tous les cœurs par la divinité. Malheur à quiconque en méconnoit les loix. S'il échappe à la juſtice humaine, le Dieu qu'il offenſe ſera le vengeur qu'il doit redouter. De ce Code divin on a tâché de rédiger ici clairement par écrit les principales loix qu'il importe de ſuivre. Chacun trouvera dans ſa conſcience le développement du ſens de ces loix dans les cas non exprimés.

Le Monarque français ne peut donner au Peuple, dont le ſoin lui eſt confié, une plus grande marque de ſon amour, qu'en conjurant de la manière la plus preſſante tous les chefs de famille de former leurs enfans à la vertu par l'éducation qu'ils leur donnent, & ſur-tout par leurs exemples. La conſcience des ſujets français, qui doit contenir le premier dépôt de leurs devoirs entre citoyens, ſuppléera ainſi à l'inſuffiſance du Code que nul mortel ne peut rendre parfait. La probité qui ſera un caractère commun réſultant de cette droiture de conſcience, honorera la nation auprès des étrangers, plus que les triomphes de ſes armes n'ont pu l'illuſtrer, & rendra les individus plus véritablement heureux, qu'ils ne le ſont par les bienfaits que la nature a répandus ſur le ſol de la France. Une confiance réciproque unira étroitement les ſujets de la Monarchie, & les rendra plus redoutables au dehors. Enfin ils ſeront réellement dignes du nom français, qui dans ſon origine rappelle autant une honnête liberté du citoyen, comme la franchiſe & la loyauté de ſon caractère.

Les loix poſitives renfermées dans ce Code, & qu'il eſt facile de diſcerner d'avec les loix naturelles ou de raiſon univerſelle qui ſont écrites en lettres italiques, pourront être, dans la ſuite, modifiées, augmentées, ou changées, dès qu'on s'appercevra de la néceſſité de cette innovation, & lorſque le vœu général de la Nation réclamera ces ſortes de changemens.

Quoique ce Code ſoit deſtiné à régir uniformément toutes les Provinces du Royaume français, ſauf la diſpoſition de quelques ſtatuts qu'il importera de conſerver, il ne ſera néanmoins exécuté dans chaque Province qu'à meſure qu'il y ſera adopté par le vœu général. Bien plus une partie des nouvelles loix n'aura lieu en emportant l'abrogation des loix précédentes, qu'au préjudice des enfans nés des mariages qui auront été contractés après l'admission de ce Code, savoir : les loix touchant les successions *ab intestat*, ou le droit de légitime, & touchant les successions testamentaires, ou touchant l'abolition du retrait lignager, n'auront lieu qu'en faveur ou au préjudice des enfans issus des mariages contractés postérieurement à la publication & à la sanction donnée à ce Code : les nouvelles loix touchant la puissance paternelle & touchant le droit de garde auront lieu, seulement pour les enfans qui auront moins de sept ans, lors de la promulgation du Code dont il s'agit. Enfin les loix touchant la communauté des biens, n'auront lieu que relativement aux mariages contractés postérieurement à la publication légale de ce Code. Dans tout le reste, le nouveau Code sera suivi, dès l'instant de la promulgation qui en aura été faite.

Dans les Provinces où l'exécution de ce Code aura été adoptée par le vœu général, il dépendra des citoyens qui peuvent disposer de leurs droits en conformité du nouveau Code, de se soumettre aux nouvelles loix dont nous venons de parler, de préférence aux loix précédentes, quoiqu'ils ne soient point nés d'un mariage contracté postérieurement à la publication & admission de ce Code. Ce qui ne nuira point aux droits de ceux qui, étant également nés de mariages contractés avant l'admission du nouveau Code, n'auront pas voulu se soumettre aux mêmes loix. Les soumissions dont il s'agit, seront consignées dans un registre tenu au greffe du Juge local, & serviront de régle aux tribunaux qui auront à juger, suivant le Code nouveau, ou suivant les loix précédentes. (*)

(*) J'ai expliqué ailleurs comment la conservation de plusieurs loix précédentes, en faveur des enfans issus des mariages contractés avant l'admission d'un Code nouveau, empêcheroit la ruine de plusieurs familles de gens de robe.

SECTION PREMIERE.

Des Personnes.

TITRE PREMIER.

Des Enfans & des Insensés.

LOI PREMIÈRE. *La volonté & les actes de ceux dont la raison n'est point formée, ou est alienée, n'ont aucun effet valable & ne doivent point être punis.*

L. 2. *L'enfant dont le père n'est point connu est à la charge de la mère*; mais si la mère est mariée, il est à la charge du mari, *à moins que dans le cas d'une séparation de corps le Juge en ordonne autrement par des raisons particulières & suffisantes, qui sont ordinairement relatives aux facultés des époux & au plus grand avantage de l'enfant.*

L. 3. *Les biens de la mère doivent entrer en contribution avec ceux du père pour l'entretien des enfans ; mais on devra ſur ce point ſuivre l'équité qui ſera indiquée par les cas particuliers dont les Juges connoîtront.*

L. 4. Les impubères ſont exclus de tous actes civils ; ils ne peuvent même ſervir de témoins à ces actes. Mais ſoit les garçons, ſoit les filles qui auront l'âge complet de quinze ans, devront aſſiſter aux actes qui ſeront paſſés pour eux par leurs curateurs, & leur conſentement y ſera néceſſaire.

L. 5. Relativement à la faculté civile de contracter un mariage, on regardera en France comme impubères les garçons qui n'auront point atteint l'âge complet de dix-huit ans ; & les filles qui n'auront point atteint l'âge complet de quinze ans.

L. 6. Les Juges qui auront à décider touchant la nullité d'un acte pour cauſe de démence de la part des contractans, ne regarderont comme inſenſées que les perſonnes qui ont été jugées telles par une déciſion du tribunal du lieu, déciſion qui pourra être requiſe, ſoit par les parens, ſoit par le miniſtère public, mais où l'avis des parens, & à leur défaut celui des voiſins ou citoyens non ſuſpects au nombre de ſept, devra toujours être conſulté, & où toujours le miniſtère public devra intervenir. Nous réſervons à tout parent juſqu'au quatrième dégré incluſivement le droit de former appel aux tribunaux ſouverains d'une telle ſentence d'interdiction.

TITRE II.

De la Puiſſance paternelle.

Loi 1. *La puiſſance paternelle aura lieu dans tout le Royaume ſur les enfans*, juſqu'à ce que ceux-ci ayent atteint l'âge complet de trente ans & ſous les modifications ci-après.

L. 2. Cette puiſſance conſiſte à rendre nuls tous les contrats & actes paſſés par les enfans sans l'autorisation du père, & *à donner à celui-ci le soin des personnes* & l'administration des biens *de ses enfans*, enfin l'usufruit de ces mêmes biens.

L. 3. Le pouvoir coactif ou prohibitif sur la personne des enfans, ne s'exercera plus dès qu'ils auront atteint l'âge de vingt-cinq ans, sauf aux parens de recourir aux Magistrats, suivant l'exigence des cas.

L. 4. Le pouvoir prohibitif des pères continuera néanmoins de s'exercer pour empêcher le mariage des enfans mâles seulement, jusqu'à leur âge complet de trente ans.

L. 5. Nous exceptons de cette dernière règle les enfans dont les père & mère n'ont pas ensemble une fortune jusqu'à la concurrence de dix mille livres. Pour ces enfans mâles, ce pouvoir prohibitif cessera également, lorsqu'ils seront devenus majeurs de vingt-cinq ans.

L. 6. Il dépendra des enfans mâles qui

auront atteint l'âge de vingt-cinq ans révolus, & qui voudront vivre séparément de leur père, de jouir des biens qui leur sont obvenus par succession, autres que de leurs ascendans en ligne directe ; ils pourront stipuler des obligations jusqu'à la concurrence de leur revenu d'une année, sans l'intervention de leur père ; mais cette intervention sera nécessaire pour s'obliger au-delà, ou pour aliéner, échanger leurs fonds, recevoir l'extinction d'une rente, ou pour donner leurs biens fonciers à bail.

L. 7. Il ne sera permis au père d'émanciper son enfant, que lorsque celui-ci sera au moins dans sa vingtième année. Cette émancipation devra se faire devant le Juge du domicile, & l'enfant qu'on émancipe devra être présent & acceptant.

L. 8. Les fils de famille seront émancipés de droit lorsqu'ils seront Prêtres ou en charge publique.

L. 9. Ils seront également émancipés

de droit par le mariage, ſous les diſtinctions ſuivantes, ſavoir : les filles ſeront pleinement émancipées par le mariage ; les mâles obtiendront par cette émancipation le droit de faire un teſtament entre leurs enfans, d'avoir puiſſance ſur ces mêmes enfans qui ne dépendront de l'aïeul qu'à défaut du père ; ils auront le droit de diſpoſer à leur gré de leurs revenus, & ne pourront aliéner, du vivant de leur père & juſqu'à l'âge de trente ans, que la moitié des biens qu'ils auront par ſucceſſion ou donation ; ils diſpoſeront à tout âge de ce qu'ils auront gagné par leur induſtrie ou par leurs épargnes.

L. 10. *Lorſque les pères abuſeront grièvement de leur puiſſance paternelle, les enfans pourront recourir aux tribunaux pour faire prononcer la ceſſation de cette puiſſance.* Ces enfans ſeront alors mis ſous la puiſſance de l'aïeul paternel s'il exiſte ; mais à défaut de cet aïeul, ſi ces mêmes enfans ſont en âge d'être régis par un curateur, il leur en ſera député un. Le droit de garde qui eſt accordé à la mère, n'aura point lieu dans le même cas & ne pourra être prétendu qu'après la mort du père & de l'aïeul paternel. Cependant ſi le père étoit interdit à cauſe de prodigalité, dans ce cas la mère pourroit prétendre le droit de garde dont il ſera fait mention ci-après.

L. 11. Lorſque le pouvoir paternel aura ceſſé autrement que par la mort du père, *le père qui ne ſera point d'une opulence ſuffiſante pourra réclamer des alimens ſur les biens de ſes enfans mâles ou filles, mariés ou non mariés*, & ces alimens devront lui être adjugés ſommairement & avec équité ſuivant les facultés des enfans, ainſi que ſuivant les beſoins & l'état du père.

L. 12. Le père ne ſera tenu de rendre compte de l'adminiſtration des revenus provenans des biens appartenans à ſes enfans, que lorſque l'uſufruit de ces mêmes biens lui aura été prohibé par la perſonne qui les a donnés à ſes enfans.

L. 13. Pendant que le père adminiſtrera les biens appartenans à ſes enfans, il ne pourra les aliéner ou échanger, qu'en y étant autoriſé par le Juge ; autrement l'acte d'aliénation ſera nul, à moins qu'il n'ait été évidemment néceſſaire ou utile à ſes enfans.

L. 14. Lorſqu'un enfant aura fait ſes affaires à part, au vu & ſu de ſon père, pendant l'eſpace de trois années continues, il ſera cenſé être émancipé tacitement, & une telle émancipation produira le ſeul effet de laiſſer adminiſtrer dans la ſuite au même enfant les mêmes biens qu'il a déjà adminiſtrés, & de pouvoir s'obliger valablement en ce qui concerne ces biens.

L. 15. Le père convolant en ſecondes nôces, perdra l'uſufruit qu'il a ſur les biens appartenans à ſes enfans du précédent lit. Mais pendant le reſte de la durée de ſa puiſſance paternelle, il conſervera l'administration de ces biens, pourvu qu'il en ait fait l'inventaire fidelle, & il devra rendra compte de cette administration dès que son pouvoir cessera.

L. 16. Le père convolant en secondes nôces, perd le droit d'empêcher le mariage de ses enfans mâles qui sont majeurs de vingt-cinq ans.

L. 17. Pour les enfans au dessus de l'âge de vingt ans, on pourra induire l'émancipation tacite de ce que le père leur aura assigné des biens pour en disposer librement. Mais l'effet d'une semblable émancipation sera seulement celui-ci, savoir : les obligations de ces enfans vaudront jusqu'à la concurrence de la valeur de ces biens.

TITRE III.

Du droit de garde attribué aux mères.

Loi 1. *A défaut du père & de l'aïeul paternel, la mère aura le droit de garde de ses enfans* & d'administration de leurs biens. Ce droit durera à l'égard des enfans mâles jusqu'à ce qu'ils ayent l'âge de dix-huit ans complets, & à l'égard des filles jusqu'à ce qu'elles ayent quinze ans accomplis.

L. 2. La mère ne pourra jouir de ce droit de garde qu'en l'obtenant du juge local sur requête, & en faisant inventaire des biens appartenans à ses enfans. Le Juge ne pourra lui refuser ce droit que lorsqu'il y aura des oppositions fondées sur des motifs graves.

L. 3. Les mères seront exclues de ce droit de garde, lorsque le père l'aura ainsi voulu dans son testament. Mais une exclusion pareille ordonnée dans le testament de l'aïeul paternel sera de nul effet.

L. 4. La mère qui exercera le droit de garde ne pourra échanger ni aliéner les fonds de ses enfans sans y être autorisée par un décret du Juge. Elle sera obligée d'administrer les biens de ses enfans en bonne mère de famille ; & s'ils se détériorent par quelque faute grave de sa part, les biens propres de cette mère répondront des préjudices qu'elle aura ainsi causés.

L. 5. La mère jouissant du droit de garde aura l'usufruit des biens qu'elle administre. Lorsque son administration cessera, elle sera dispensée d'en rendre compte. Ce qui n'empêchera pas qu'elle ne puisse être actionnée pour la réparation des dommages que sa mauvaise administration auroit occasionnés.

L. 6. Tant que les enfans seront soumis au droit de garde, les obligations qu'ils contracteront sans l'intervention de leur mère seront nulles.

L. 7. Après que le droit de garde aura cessé, la mère qui ne sera point assez opulente suivant son état *pourra se faire adjuger des alimens sur les biens de ses enfans mâles ou filles, mariées ou non mariées,*

riées; & ces alimens devront lui être adjugés comme il a été dit pour les pères, *L.* 11, *tit. de la puissance paternelle.*

L. 8. Les biens provenans d'autres personnes que du père, & dont l'usufruit sera prohibé à la mère, pourront être administrés par elle pendant la durée de son droit de garde. Mais elle devra rendre compte de cette administration seulement.

L. 9. A la réquisition de quelque parent jusqu'au troisième dégré inclusivement, ou bien seulement à la réquisition du ministère public, le Juge pourra priver la mère de son droit de garde, s'il lui apparoit évidemment qu'elle en use mal.

L. 10. La mère qui convolera en secondes noces, perdra incontinent, & sans qu'il soit besoin d'une sentence du Juge, les droits de garde & d'administration des personnes & biens de ses enfans du précédent mariage.

TITRE IV.

Des Pupilles & des Mineurs, ou des Tuteurs & des Curateurs.

Loi 1. Les mineurs de tout ſexe, c'eſt-à-dire, ceux qui ont moins de vingt-cinq ans accomplis, ne pourront aliéner ni hypothéquer leurs biens, ni contracter des obligations pour prêt, ſans y être autoriſés par un décret du Juge qui connoîtra la néceſſité ou l'évidente utilité de l'aliénation ou obligation dont il s'agira. Ce décret ſera rendu ſans épices & ſur requête d'après les concluſions du Procureur du Roi.

L. 2. *Cependant, dès que les enfans qui ſont hors de la puiſſance paternelle auront atteint l'âge de vingt ans accomplis, ils pourront adminiſtrer leurs immeubles ou diſpoſer de leurs meubles, ou enfin diſpoſer à leur gré de tout ce qu'ils auront acquis par leur propre induſtrie ou par leurs épargnes.*

L. 3. Les tutelles & curatelles ſeront toutes datives, c'est-à-dire les tuteurs ou curateurs devront toujours être nommés par le Juge, à la réquisition de quelque près parent ou du ministère public, & en prenant l'avis des près parens.

L. 4. La nomination d'un tuteur, savoir de celui qui a soin des personnes & biens, aura lieu pour les personnes insensées qui ne sont point sous la puissance paternelle ou sous le droit de garde attribué aux mères, ainsi que pour les enfans qui ne sont point sous cette puissance ou cette garde jusqu'à ce qu'ils ayent atteint l'âge de quinze ans accomplis sans distinction de sexe.

L. 5. La nomination d'un curateur, savoir de celui qui administre seulement les biens d'autrui, aura lieu pour les enfans qui, n'ayant point leur père ou leur aieul paternel ou étant hors du droit de garde, auront quinze ans accomplis, & n'aura son effet que jusqu'à ce qu'ils ayent l'âge de vingt ans accomplis. Cette même nomination aura lieu pour les biens des personnes majeures de vingt ans auxquelles l'administration de ces biens aura été interdite pour cause de prodigalité.

L. 6. Celui qui aura été nommé tuteur d'un enfant prendra le titre & exercera les fonctions de curateur de cet enfant, dès que celui-ci aura accompli sa quinzième année, sans qu'il soit besoin d'aucune nouvelle nomination ou députation.

L. 7. Quoique les curateurs n'ayent pas le droit par eux-mêmes de gêner les personnes dont les biens leur sont confiés, nous voulons qu'ils puissent obtenir du Juge assez facilement, quoiqu'avec justice, l'autorité suffisante pour réprimer l'inconduite ou les mauvaises mœurs des mineurs de vingt ans dont ils gérent les biens.

L. 8. Les personnes qui sont en curatelle ne pourront se marier sans le consentement de leur curateur ; mais ces curateurs seront tenus de prendre à ce sujet l'avis des prês parens du mineur, de se régler sur cet avis, & la curatelle cessera dès l'instant du mariage du mineur.

L. 9. Les contrats ou conventions des personnes qui sont en tutelle ou en curatelle sont nuls, s'ils sont passés sans l'assistance & l'autorisation des tuteurs ou curateurs, à moins que ces contrats ayent été profitables à ces personnes. Les pupilles ou mineurs de vingt ans ne pourront ster en jugement sans l'intervention de leur tuteur ou curateur.

L. 10. A la différence des pupilles, les mineurs qui sont en curatelle devront nécessairement intervenir dans les actes qui se passent pour eux. A la différence des curateurs, les tuteurs pourront ster seuls en jugement pour les affaires qu'ils gérent en cette qualité.

Loi 11. L'opposition ou le refus que feroient les enfans ou les mineurs de vingt ans d'accepter un tuteur ou un curateur, n'empêchera point la nomination des tuteurs, non plus que des curateurs. Mais si ces enfans, ou ces mineurs alléguent des motifs plausibles de leur refus, le Juge devra choisir quelque autre tuteur ou curateur auquel ces motifs de refus ne soient point applicables : si un mineur de vingt ans s'opiniâtroit mal à propos à contrarier quelque acte utile d'administration de son curateur, celui-ci pourroit se faire autoriser par le Juge à procéder seul à cet acte d'administration utile. Mais le Juge ne considérera point comme une opiniâtreté déplacée, l'attachement qu'auroit un mineur à sa propriété, qu'il ne voudroit point aliéner, quoiqu'il lui fût avantageux de le faire.

L. 12. Lorsque les tuteurs ou curateurs abusent de leur pouvoir, le Juge doit les remplacer par d'autres, sur la requisition de quelqu'un des proches parens du pupille ou du mineur, ou sur la réquisition seulement du mineur, qui pourra recourir au Juge pour porter ses plaintes ou faire intervenir le ministère public.

L. 13. *Les tuteurs ainsi que les curateurs sont tenus de veiller assidument à l'avantage de ceux qui leur sont confiés & pour que leurs mœurs ne se dépravent point. Ils sont responsables de toute faute provenant d'une négligence marquée ou de mauvaise foi.*

L. 14. Les tuteurs & les curateurs sont obligés, sous peine d'être exclus de leurs fonctions, de faire un inventaire fidelle des biens qu'ils doivent administrer, & de donner caution pour répondre de ces biens, à moins qu'ils ne fassent reconnoître par le Juge qu'ils ont assez de biens eux-mêmes pour répondre de leur gestion.

L. 15. Les mêmes sont obligés à rendre aux personnes intéressées un compte fidelle de leur administration, lorsque le terme de leurs fonctions est arrivé, *& à leur restituer ce dont ils se trouvent redevables. Mais ils sont en même temps en droit de se faire rembourser des frais ou avances qu'ils ont faites légitimement.* Celui qui a été tuteur & successivement curateur de la même personne, rendra compte de la tutelle & de la curatelle tout ensemble à la fin de ces deux gestions.

L. 16. *Les Juges auront soin de ne point nommer pour tuteurs ou curateurs les personnes suspectes, savoir: celles dont les mœurs sont dépravées, ou bien celles qui ont eu quelque grande inimitié contre le père ou la mère de la personne qui doit être en tutelle ou en curatelle; ou bien ils s'abstiendront de nommer quelqu'un qui aye des intérêts contraires à ceux de la personne mise en tutelle ou en curatelle.*

L. 17. *Les personnes sexagénaires, ou qui ont quelque infirmité considérable & habituelle, celles qui sont en charge publique, ou qui sont dans un état de pauvreté qui les oblige de s'occuper entièrement de leurs propres affaires*, enfin les pères de famille chargés du nombre de cinq enfans *pourront se dispenser, par ces motifs légitimes, d'accepter une tutelle ou curatelle.*

L. 18. En général les femmes sont exclues des tutelles ou curatelles. Mais la mère, & à son défaut l'aïeule paternelle, & à défaut de celle-ci & de l'aïeul maternel, l'aïeule maternelle *pourront être nommées tutrices ou curatrices, & devront même être préférées.* La mère qui aura exercé le droit de garde exercera sans autre nomination le droit de curatelle. Mais si elle se remarie, elle perdra son droit de curatrice.

L. 19. A dater de l'instant de l'acceptation de leur emploi, les tuteurs ou curateurs auront leurs biens tacitement hypothéqués pour la responsabilité dont ils sont tenus.

L. 20. *Il dépendra d'un père d'exclure par son testament telle personne qu'il voudra de la tutelle ou curatelle de ses enfans*, & ce testateur n'aura nul besoin de faire mention du motif d'une telle exclusion.

L. 21. Lorsqu'un testateur ou un donateur, quel qu'il soit, aura prohibé que les biens qu'il donne soient administrés par la mère ou l'aïeule des enfans auxquels il donne, cette prohibition ſera valable quand même cette mère ou cette aïeule ſeroient curatrices de ces enfans. Il en ſera de même à l'égard des curateurs.

L. 22. Une perſonne qui entreroit en charge publique pendant la durée de ſon emploi de tuteur ou curateur, pourroit ſe démettre de cette tutelle ou curatelle, en ayant ſoin de demander qu'un autre ſoit ſubſtitué à ſa place, pendant qu'il exercera cette charge publique.

L. 23. Lorſque les biens d'un pupille ou d'un mineur qui ſont conſidérables ou ſéparés à de grandes diſtances, exigent qu'il ſoit nommé à la fois pluſieurs tuteurs ou curateurs, ces tuteurs ou curateurs répondront enſemble ſolidairement de leur adminiſtration, à moins que l'objet de leur députation & adminiſtration n'ait été très-expreſſément diſtinct & ſéparé.

L. 24. On pourra nommer un curateur

à une hérédité jacente, ou à des biens que le propriétaire eſt incapable de régir par lui-même, ou à des biens mis en diſcuſſion judiciaire. Les obligations de ce curateur ſeront les mêmes qu'il a été dit ci-devant.

L. 25. *Un tuteur qui négligera de pourvoir à la bonne éducation de ſon pupille, ſuivant l'état de ce pupille, devra être privé de la tutelle*, & remplacé à la réquiſition de quelqu'un des proches parens ou du miniſtère public.

L. 26. *Lorſque le pupille aura été trompé par ſon tuteur, il pourra non-ſeulement agir contre lui ou contre ſa caution* pour obtenir la réparation des dommages qu'il aura éprouvés; mais ſubſidiairement, il pourra prendre à partie celui qui a exercé le miniſtère public, lors de la députation de tuteur, & le Juge lui-même pour le recouvrement de ſes indemnités. Cependant *ce Juge ou celui qui exerce le miniſtère public ne ſeront perſonnellement reſponſables qu'en tant qu'ils auront trop légèrement procédé à la nomination du tuteur.*

L. 27. Les actes léſifs paſſés par un tuteur, au nom de ſon pupille, ſeront déclarés nuls pour quelque léſion que ce ſoit. Le pupille ſera relevé contre les négligences de ſon tuteur, relatives à l'acceptation d'une hérédité ou à toute autre démarche évidemment néceſſaire pour l'intérêt du pupille.

L. 28. Les preſcriptions ne pourront courir contre les pupilles, ni contre les mineurs de vingt-cinq ans.

L. 29. *Dans ce qui aura été fait à l'avantage d'un pupille ou d'un mineur de vingt ans, ils ſeront regardés comme majeurs.*

L. 30. Les actes purement préjudiciels des mineurs, par exemple les cautionnemens ſeront nuls, même à l'égard des mineurs de vingt cinq ans qui les auront paſſés. Ceux-ci pourront même revenir contre la négligence des actes qui devoient être faits à leur profit, & la léſion du tiers ſuffira pour rendre nuls les contrats que ces mineurs auront paſſés.

L. 31. Si néanmoins celui qui a ſtipulé ces actes ou contrats onéreux, ou en a négligé de profitables pendant qu'il étoit mineur, ne fait aucune réclamation dans l'eſpace de cinq années après qu'il aura atteint l'âge de majorité de vingt-cinq ans, ces actes l'affecteront comme s'il avoit été majeur.

TITRE V.

Des Femmes & du Mariage, ainſi que des Fiançailles & des Séparations.

Loi 1. *Les femmes ſont exclues de toute autorité civile, à l'exception de celle qu'elles peuvent avoir en vertu du droit de garde ou du titre de tutrice, ou curatrice de leurs enfans ou petits enfans.* Elles ne peuvent être choiſies pour arbitres d'aucune conteſtation. Elles ne ſont point admiſes comme témoins pour rendre authentiques les actes paſſés par devant une perſonne publique. Mais dans le cas où on manqueroit de témoins mâles pour un acte preſſant, deux femmes pourront ſervir de témoins en place d'un homme.

L. 2. *Cependant le témoignage des femmes pourra être reçu en juſtice pour la preuve d'un fait, d'un délit ou d'une convention.*

L. 3. A part ce qui vient d'être excepté, *les femmes jouiſſent des mêmes droits que les hommes. Nous recommandons aux Magiſtrats de les ſecourir particulièrement contre les injuſtices & les léſions.* Nous voulons que dans les cas douteux où il s'agit d'expliquer un contrat ſtipulé par une femme, ou de ſtatuer ſur un acte fait ou négligé par elle, les Juges inclinent plutôt à décider en faveur de cette femme.

L. 4. *Le libre conſentement des parties*, ſuivi des formalités que les loix religieuſes preſcrivent, *forme* en France *le véritable lien du mariage.*

L. 5. *En général le mariage eſt permis à toute perſonne pubère qui n'eſt point déjà liée par quelque engagement contraire.* Mais la perſonne qui eſt ſous la puiſſance paternelle ne pourra contracter mariage valablement ſans le conſentement de ſon père, ainſi qu'il a été ſtatué ci-deſſus.

L. 6. *Les mariages entre aſcendans & deſcendans, entre frère & ſœur, entre le beau-père & la bru, entre le gendre & la belle-mère ſont nuls & prohibés comme étant infames & abſolument contraires à l'honnêteté des mœurs.*

L. 7. Nous réſervons les autres prohibitions de mariage entre parens à un certain degré ſuivant les loix canoniques reçues en France.

L. 8. *Le mari eſt obligé d'entretenir ſa femme ſuivant ſes facultés, & les femmes ſont obligées de ſuivre leur mari par tout où ceux-ci veulent ſe domicilier, à moins qu'elles ne puiſſent objecter un péril imminent pour leur santé*, ou qu'il s'agisse de faire une traversée de mer de plus de cent lieues.

L. 9. L'autorité civile du mari sur sa femme consiste 1°. dans le libre choix du domicile, à moins qu'on en ait convenu autrement dans les pactes matrimoniaux ; 2°. en ce que le mari a le droit d'administrer les biens de sa femme ; 3°. en ce que la femme ne peut stipuler aucun contrat, ni ster en jugement sans l'intervention de son mari, en exceptant ce qui regarde les biens paraphernaux. Mais en cas d'absence ou en cas de refus du mari, la femme pourra s'adresser au Juge pour obtenir d'être autorisée à stipuler un acte qui lui seroit évidemment utile.

L. 10. Le mari pourra intenter sans le consentement de sa femme les actions réelles & foncières, appartenantes à sa femme ; mais seulement le pourra, lorsqu'il aura des enfans de cette femme, ou bien le pourra en ce qui concerne l'intérêt d'icelui mari.

L. 11.

L. 11. Lorſqu'un mineur de vingt ans ne ſe trouve plus ſous la puiſſance paternelle, il ne peut ſe marier ſans le conſentement de ſa mère ; autrement le mariage ſera nul. Après l'âge de vingt ans juſqu'à celui de vingt-cinq ans accomplis, le conſentement de la mère ſera encore requis ; mais alors le défaut de ce conſentement n'empêchera point le mariage, après que le Juge aura décidé que le refus d'un tel conſentement n'eſt point fondé ſur des motifs plauſibles.

L. 12. La néceſſité du conſentement des pères ou mères n'aura lieu que pour les mariages de leurs enfans légitimes. Le conſentement des père ou mère au mariage de leurs enfans eſt préſumé, ſi le mariage n'a point été fait à leur inſu & s'ils n'y ont point formé d'oppoſition.

L. 13. Lorſque le père ou autre aſcendant d'une perſonne qui voudroit contracter mariage eſt abſent, lorſqu'on ne peut ſavoir où il eſt, & qu'on doute même s'il vit encore, ou bien lorſqu'il a été emmené en captivité par les ennemis, de ſorte qu'on ne peut ſe procurer ſon conſentement au mariage dont il s'agit, on doit laiſſer écouler trois années à compter depuis ſon abſence ; & s'il n'eſt point revenu, ou ſi l'on ne ſait point où il eſt après ces trois années, on peut procéder au mariage ſans ſon conſentement.

L. 14. Il n'y aura de communauté de biens entre mari & femme qu'en tant qu'elle aura été ſtipulée par les conventions matrimoniales qui auront précédé le mariage, & on ſuivra dans cette matière les règles générales touchant les conventions ou ſociétés légitimes.

L. 15. *Les enfans nés de deux perſonnes libres ſont légitimés par le mariage ſubſéquent de ces perſonnes*, ſans qu'il ſoit beſoin d'aucune déclaration à ce ſujet de la part des parens.

L. 16. *Les effets civils du mariage ont lieu, quoique le mariage ſoit nul, ſi les parties qui l'ont contracté, étoient dans la bonne foi & avoient une juste cause d'ignorance du motif qui rendoit le mariage nul.*

L. 17. Les obligations des femmes pour les affaires de leur mari, quand même elles feroient autorifées par lui, ne feront valables que jufqu'à la concurrence de la moitié de leur dot.

L. 18. Le mariage ne fera diffous que par la mort d'un des conjoints ou par le motif rapporté dans la loi 46 fous ce titre.

L. 19. *La violation de la foi conjugale autorifera la demande de féparation tant de la part du mari que de la part de la femme*, outre les peines qui font prononcées par les loix criminelles contre les adultères. *

(*) La loi criminelle pourroit déclarer que la clôture perpétuelle prononcée contre la femme adultère emporte une efpèce de mort civile, ainfi que les loix romaines le prononçoient. Cette cô-

L. 20. *Les enfans nés d'une femme durant son mariage légitime sont légitimes*, étant présumés appartenir au mari, à moins qu'il ne soit de la plus grande évidence que le mari n'en a pu être le père.

L. 21. Le survivant des époux, dont les facultés propres ne seront point suffisantes pour l'entretenir suivant son état, pourra demander le quart des biens délaissés par l'époux prédécédé, & obtiendra ce quart en propriété, au cas qu'il n'y ait point d'enfans de leur mariage. Au cas qu'il y ait des enfans au nombre de trois & au-dessous, l'époux survivant pourra

---

ture pourroit être regardée comme étant *maxima capitis diminutio*. On induiroit de là que le mari peut se remarier. Mais ici l'Eglise doit être consultée pour décider si on peut revenir à l'idée qu'on avoit dans les premiers siècles du christianisme, touchant cette espèce de divorce, qu'il faut plutôt appeler dissolution de mariage par la mort d'un des conjoints. J'ai opiné d'ailleurs contre la permission du divorce dans mon ouvrage sur la réforme des loix civiles, & je persiste dans cette opinion.

prétendre le quart en ufufruit de l'héritage. S'il y a plus de trois enfans, il ne pourra prendre qu'une portion virile en ufufruit, en imputant dans ces deux derniers cas tout ce qu'il a déjà reçu de l'époux prédécédé par legs ou par donation. Mais fi l'époux prédécédé a fait un teftament qui difpofe du quart ou de la portion dont il s'agit, l'époux furvivant ne pourra demander qu'une penfion alimentaire contre l'héritier teftamentaire.

L. 22. Une veuve qui convole en fecondes nôces & qui a des enfans de fon premier mari, perd en faveur de ces enfans la propriété de tout ce qu'elle a reçu de fon premier mari, par donation faite en contrat de mariage, ou durant le mariage ou par des difpofitions à caufe de mort. Elle peut feulement retenir l'ufufruit des biens qui lui ont été expreffément donnés en contrat de mariage par le mari, à moins qu'il n'y eut convention que cet ufufruit cefféra en cas de fecond mariage.

L. 23. Les enfans ont une portion égale des biens qui étoient obvenus à leur mère & qui leur sont acquis par son second mariage. Il est expressément prohibé à la mère qui a l'usufruit de ces biens d'en aliéner la propriété d'aucune manière. Elle ne peut jouir de l'usufruit des meubles qu'après les avoir fait estimer par des experts, & après avoir fourni caution de les faire rendre après sa mort ou d'en faire payer l'estimation à ses enfans du premier lit & à leur défaut à leurs héritiers.

L. 24. Si les enfans du premier lit viennent à mourir après le second mariage de leur mère, & s'ils ont fait un testament en sa faveur, elle peut leur succéder en vertu de ce testament. Mais si les enfans meurent *ab intestat*, la mère ne leur succéde point dans la propriété des biens qu'ils ont eus du côté paternel, mais seulement dans l'usufruit de l'hérédité ou de la portion d'hérédité *ab intestat* qui lui obviendroit si elle ne s'étoit point remariée.

L. 25. Les veuves qui contractent un autre mariage, & qui ont des enfans du mariage précédent, ne peuvent disposer entièrement de leurs propres biens par donation ou par testament au préjudice de leurs enfans du précédent lit, en faveur de leur second mari, savoir : elles ne peuvent pas donner à ce second mari plus que ce qu'elles donnent à celui de leurs enfans auquel elles donnent la moindre portion.

L. 26. Si le mari meurt en laissant des enfans, & après avoir légué à sa femme l'usufruit de ses biens, cette femme perdra cet usufruit au profit des enfans du premier mari, au cas qu'elle contracte un autre mariage.

L. 27. Toutes les peines ci-dessus portées contre les femmes qui ont convolé en secondes noces sont également applicables aux maris qui se remarient.

L. 28. Les veufs qui ont reçu des biens

de leurs femmes dont ils ont des enfans, où les veuves qui ont reçu des biens de leurs maris prédécédés, peuvent disposer à leur gré d'une certaine portion de ces biens, s'ils ne convolent point en secondes noces. Pour déterminer la quotité de cette portion, on divisera les biens dont il s'agit entre les enfans par portions égales, le veuf ou la veuve faisant nombre avec eux. La portion virile qui lui écherra sera celle dont il lui sera permis de disposer par testament ou par donation.

L. 29. Les femmes veuves qui ayant des enfans de leur précédent mariage se remarient à des personnes fort au-dessous de leur état, ne pourront faire aucune espèce de donation à leur nouveau mari. Bien plus elles ne pourront rien vendre ou aliéner de leurs biens, tant qu'il existera des enfans de leur précédent mariage, ou des enfans issus de ceux-ci.

L. 30. Il n'y aura point de douaire s'il n'est convenu lors du mariage, & les questions sur le douaire seront résolues, comme toutes celles qui s'élèvent sur des conventions légitimes.

L. 31. *Le mariage d'un ravisseur avec la fille ou veuve ravie est nul, & ne peut être rendu valable, tant que la personne ravie est en la puissance du ravisseur.*

L. 32. La femme marchande publique qui fait un commerce séparé de celui de son mari peut s'obliger, indépendamment de son mari, pour ce qui regarde la marchandise dont elle fait commerce.

L. 33. Lorsque par les fiançailles ou promesses de mariage, on aura stipulé que celui des deux qui se refusera à effectuer le mariage, payera à l'autre une certaine somme, cette stipulation pénale n'aura son effet que jusqu'à la concurrence de ce que le Juge estimera être dû pour les dommages & intérêts. D'ailleurs si le mariage manque, il y aura lieu à la restitution des présens faits à l'occasion des fiançailles.

L. 34. *Celui des fiancés qui se refuse à accomplir le mariage promis, perd les arrhes qu'il a données ; & s'il en a reçues, il est tenu de les rendre au double.* Mais si ces arrhes ont été trop considérables eu égard à la qualité & aux facultés des parties, cette perte sera réduite suivant l'équité d'après l'estimation qu'en fera le Juge.

L. 35. *On est déchargé de l'engagement des fiançailles, s'il survient quelque cas, qui vraisemblablement eût empêché la promesse de mariage, si l'on en avoit eu connoissance auparavant.*

L. 36. La séparation des biens d'entre le mari & la femme n'est valable qu'en tant qu'elle est ordonnée en justice avec connoissance de cause ; la femme séparée n'est dispensée d'être autorisée par son mari, que pour les actes de simple administration. Elle peut ster en jugement seule pour ce qui concerne ces actes.

L. 37. La femme ne pourra obtenir une

ſentence de ſéparation d'avec ſon mari, qu'en prouvant de ſévices de la part du mari qui la rendent conſtamment très-malheureuſe, lui rendent la vie inſupportable, & non pour des diſſenſions ou ſévices paſſagères. Elle pourra également obtenir cette ſentence, lorſqu'elle aura été calomnieuſement accuſée d'adultère par ſon mari par devant les Tribunaux.

L. 38. *Quoique les mauvais traitemens d'un mari envers ſa femme doivent paroître plus graves entre perſonnes d'un rang ou d'un état diſtingué*, les Juges ſe garderont avec ſcrupule d'accorder plus facilement la faculté de ſe ſéparer aux époux d'un haut rang qu'à ceux d'une baſſe condition. Ce ne ſera point parce qu'ils ſeront d'une condition relevée que les époux ſeront facilement ſéparés, mais parce qu'il y a des ſévices auxquelles des perſonnes ſoigneuſement éduquées ſont naturellement plus ſenſibles que les gens du peuple.

L. 39. Par une ſuite de la ſentence de

ſéparation de corps ou de cohabitation ; le mari perdra le droit d'adminiſtration qu'il avoit ſur les biens de ſa femme qui devra obtenir la reſtitution de ſa dot. S'il y a communauté de biens entre les époux, la ſéparation opérera la diſſolution de cette communauté & les biens en commun ſeront partagés.

L. 40. Les effets de cette ſéparation ceſſeront toutes les fois que la femme ſera volontairement retournée chez ſon mari, & aura été reçue par lui. Le mari rentrera alors dans tous ſes droits ſur la perſonne & les biens de ſa femme, ou la communauté des biens qui avoit auparavant lieu entr'eux ſera rétablie.

L. 41. *Le mari qui ne pourra convaincre ſa femme d'adultère, pourra néanmoins former contre elle une demande de ſéparation, à cauſe d'une inconduite très - marquée & très-grave de la part de ſa femme.* Nous laiſſons encore aux Juges à décider dans quels cas cette inconduite eſt abſolument contraire aux bonnes mœurs.

L. 42. Dans le cas où une femme aura donné lieu par mauvaiſe conduite à une demande de ſéparation, le mari pourra demander & obtiendra du Juge le droit de retenir la moitié de la dot de ſa femme qui lui reſtera en propriété, s'il n'y a point d'enfans nés de leur cohabitation précédente. S'il y a des enfans, le mari ne pourra aliéner la propriété de cette moitié de dot retenue qu'il devra laiſſer en mourant à ſes enfans par égale part, ou qu'il leur devra remettre lorſqu'ils ſe marieront, ou qu'ils ſortiront de la puiſſance paternelle, ou lorſque le mari convolera en ſecondes noces.

L. 43. La diſpoſition de la loi précédente n'aura pas lieu au préjudice des alimens que la femme doit prendre ſur ſa dot dans le cas où cette dot ſeroit modique. Ce qui s'eſtimera à l'arbitre du Juge.

L. 44. *La ſéparation des biens pourra être demandée par la femme, lorſque ſon mari ſera tombé en démence*, & dans ce cas elle aura l'adminiſtration de ſes biens.

L. 45. Les ſommes d'argent aſſignées, ou qu'on a promis d'aſſigner pour un mariage, qui ne ſont point payées, emporteront arrérages de dix pour cent, dès que le terme auquel on a promis de les payer ſera échu; & au cas que les parties n'âyent pas fixé ce terme, ces arrérages courront du moment que le débiteur deſdites ſommes aura été ſuffiſamment interpellé.

L. 46. *Le mariage peut être diſſous par le motif de l'impoſſibilité de le conſommer où ſe trouvent les époux.* Cette impuiſſance n'opère la diſſolution du mariage qu'en vertu d'une ſentence qui déclare cette diſſolution.

L. 47. Ni l'un ni l'autre des époux ne pourront former inſtance en diſſolution de mariage par un tel motif, lorſqu'ils auront cohabité enſemble pendant l'eſpace d'une année ſans avoir formé cette inſtance.

L. 48. Les preuves du motif d'impuiſſance allégué doivent ſe faire par le rapport de deux médecins non ſuſpects relativement aux hommes, & de deux matrones, relativement aux femmes, qui atteſtent leur dire avec ſerment. On doit y joindre le ſerment des deux époux qui atteſtent qu'il leur eſt impoſſible de conſommer le mariage. Du reſte le Juge doit s'aſſurer à ſon arbitre de tous les moyens qui ſervent à conſtater l'impuiſſance alléguée, ſans ordonner de congrès, ni de moyens de preuves contraires à la décence. Mais quelle que ſoit l'incertitude qui reſte ſur l'impoſſibilité prétendue, le Juge doit ordonner que les époux continueront à cohabiter enſemble pendant trois années, après leſquelles s'ils perſiſtent dans leur affirmation moyennant ſerment touchant cette impoſſibilité, le Juge pourra ordonner la diſſolution du mariage.

TITRE VI.

Des Dots.

Loi 1. *Le père, ou à son défaut l'ascendant paternel, & à leur défaut la mère, sont obligés de doter une fille qui se marie,* & cette obligation consiste à lui donner autant qu'elle pourroit prendre par droit de légitime, si celui qui dote venoit à mourir. *Mais si celui ou celle qui est obligée à fournir la dot ne sont pas assez opulens pour que ce qui leur reste, en prélevant cette dot, suffise à leur entretien suivant leur état & condition, ils sont autorisés à renvoyer le payement de la dot ou d'une partie de la dot qu'ils constituent, savoir jusques même après leur mort.* A défaut d'ascendans le frère, qui est riche & qui n'a point d'enfans, est tenu de doter sa sœur pauvre ; ce qui se détermine à l'arbitre du Juge, eu égard aux circonstances, à l'état, à la condition & aux facultés des parties.

L. 2.

L. 2. Une fille qui n'eſt point ſous la puiſſance paternelle peut ſe conſtituer à elle-même ſa dot; & ſi elle eſt en curatelle, elle doit y être autoriſée par ſon curateur.

L. 3. Il eſt permis aux parens qui dotent une fille, ou à la fille qui ſe dote elle-même, de réſerver en biens paraphernaux telle partie qu'ils veulent des biens qu'elle apporte en mariage & dont elle doit avoir l'adminiſtration indépendamment de ſon mari.

L. 4. *Il dépend des parties contractantes de paſſer telles conventions qu'il leur plaît relativement à la dot. Ces conventions ſont valables pourvu qu'elles ne tendent point à rendre la dot tout à fait inutile au mari, parce que le but eſſentiel de la dot eſt d'aider le mari à ſupporter les charges du mariage.*

L. 5. *La conſtitution dotale faite en vue d'un mariage déterminé devient nulle, ſi ce mariage n'a pas lieu.* Mais cette conſtitution dotale eſt toujours valable en faveur de la fille, lorſqu'elle a été faite en vue d'un mariage quelconque qu'elle contractera. Bien plus la promeſſe de dot qui lui a été faite eſt valable, quoique la fille ne l'ait point ſtipulée.

L. 6. Lorſque la conſtitution de dot a été faite par ceux qui étoient légalement tenus de la faire, le défaut d'inſinuation de cette donation ne l'annulle point.

L. 7. *La jouiſſance & l'adminiſtration des fruits & revenus dotaux appartiennent au mari qui doit veiller ſoigneuſement à la conſervation de la dot qu'il a reçue, & dont il a fait la reconnoiſſance. S'il laiſſe détériorer les biens dotaux par ſa négligence, par ſa faute ou par dol, il eſt tenu à la réparation de ces dommages.*

L. 8. *Lors de la diſſolution du mariage, le mari ou ſes héritiers doivent reſtituer à la femme ou à ſes héritiers la dot qu'il a reçue.* Mais le mari ou ſes héritiers pourront profiter d'une année de délai, pour restituer la dot à la femme ou à ses héritiers. Dans le cas seulement où la veuve elle-même attendra la restitution de sa dot, les intérêts au cinq pour cent doivent lui en être payés.

L. 9. Outre le quart d'hérédité que pourra réclamer l'époux survivant, ainsi qu'il a été déterminé par la loi 21 du titre précédent, le mari aura encore le droit de retenir sur la dot ce dont il aura un besoin absolu pour son entretien.

L. 10. *L'action, pour retenir les dépenses nécessaires ou utiles faites pour la conservation des biens dotaux, appartiendra au mari, & ne sera transmise à ses héritiers qu'au cas que le mari l'ait ainsi voulu par quelque disposition à cause de mort, ou par quelque autre acte authentique.*

L. 11. Les biens du mari sont tacitement hypothéqués pour l'assurance de la dot qu'il a reçue.

L. 12. Lorsqu'il y aura quelque ambiguité dans les actes qui renferment une constitution dotale, & même dans tous les actes qui sont relatifs à une dot, on devra interpréter cette ambiguité en faveur de la dot préférablement.

L. 13. *Lorsqu'un mari fait un mauvais usage de sa fortune ou se livre à des prodigalités, à des dépenses ou des entreprises inconsidérées qui font craindre que la dot ne se perde, la femme est autorisée à demander la séparation de ses biens dotaux d'avec ceux de son mari*, & à obtenir la faculté d'administrer elle-même ces biens.

L. 14. Les actes d'aliénation des biens dotaux passés par le mari, sont nuls. Mais si la femme a donné son consentement libre pour l'aliénation ou l'hypothéque de ses biens dotaux, ces actes seront valables jusqu'à la concurrence seulement de la moitié de la dot. L'autre moitié restera inaliénable.

L. 15. Cependant *cette autre moitié sera encore aliénable dans le cas d'un besoin extrême où le mari & la femme seroient pour pourvoir à leur subsistance*; ce qui doit être reconnu par un décret du Juge rendu sommairement & sans épices; ou même *la femme pourra consentir à l'aliénation de toute sa dot, si c'est pour tirer de prison son mari.*

L. 16. Lorsque la communauté des biens aura été stipulée entre le mari & la femme avant leur mariage, la femme pourra consentir à l'hypothéque ou à l'aliénation de tous les biens qu'elle a mis en communauté, ou qu'elle a eus autrement.

L. 17. *Lorsque le mari a été exilé, la femme a le droit de reprendre ses biens dotaux* & de les administrer.

L. 18. Lorsqu'avant le mariage le futur époux aura confessé avoir reçu une somme d'argent en dot qu'il n'a point réellement reçue, il se trouvera obligé pour cette dot comme s'il l'avoit réellement reçue, à moins qu'il ne paroisse qu'il espéroit qu'on la lui compteroit. S'il se trouve trompé dans l'efpoir de cette numération, il ne pourra intenter l'action pour fe faire compter la fomme non reçue que dans l'efpace de deux années, à compter de la date de fon mariage.

L. 19. Lorfque dans un contrat de mariage le mari aura déclaré avoir reçu pour dot une fomme beaucoup plus confidérable que celle qu'il a réellement reçue, & que cela aura été ainfi fait pour la pompe du mariage, le mari ne pourra fe fouftraire à l'obligation qui réfulte de la reconnoiffance d'une telle dot, qu'en déclarant avant le mariage, ou au moins dans l'efpace d'un mois après, favoir, que cette reconnoiffance de dot n'étoit que pour la pompe du mariage; & cette déclaration devra fe faire non par le mari feulement, mais encore par celui qui lui a remis, ou a paru lui remettre la dot.

L. 20. Lorfque le mari, en recevant la dot, a renoncé, ainfi que fon époufe, aux autres droits légitimaires de celle-ci, &

que les parens de cette épouſe ont augmenté leur fortune du depuis, la femme ni ſes ayant-cauſe ne ſeront point reçus à demander un ſupplément de légitime, ſur les biens qui auront accru entre les mains des parens.

L. 21. En vertu de la règle générale, ſuivant laquelle le plus proche parent eſt cenſé ſaiſi de plein droit de la ſucceſſion, la femme ſera également cenſée être ſaiſie de plein droit de ce qui lui aura été aſſigné pour ſa dot & mariage.

L. 22. Les filles naturelles, iſſues d'un commerce illégitime, pourront demander une dotation contre leur père, & à ſon défaut contre leur mère, & cette dotation ſera réglée par le Juge proportionnément à l'état ou aux facultés des père ou mère, en conſidérant que ſi ces père ou mère ont d'autres enfans légitimes, la dotation doit être beaucoup moindre, & en conſidérant en général que les enfans ont un droit d'aliment ſur les biens de leur père & mère, que ce droit d'aliment ne se règle point sur les besoins indispensables de la personne qui les réclame, mais plutôt sur l'état & les facultés de la personne contre laquelle on les réclame.

L. 23. En général la dot donnée par le père ou par la mère, ou autres qui sont obligés de doter, reviendra à ces donateurs ou à leurs ayant-cause, si la fille est morte sans laisser d'enfans, sauf les droits ci-dessus assignés au mari sur cette dot ou assignés par convention.

L. 24. *La dot est toujours censée avoir été donnée à compte des droits légitimaires.*

L. 25. Les deniers dotaux sont réputés payés après dix ans, pourvu que le mariage ait duré pendant ledit temps sans séparation, & que celui qui a promis la dot ait vécu durant les dix années, laquelle prescription n'aura lieu qu'en faveur de la femme & de ses héritiers, & non au profit des débiteurs de la dot.

L. 26. Si l'on prouve que durant le mariage le mari ait reçu d'autres biens fonds appartenans à sa femme, ces biens seront regardés comme une augmentation de dot. Mais pour deniers ou autres biens reçus durant le mariage en augmentation de dot, les Juges regarderont toute simple reconnoissance ou acquit du mari comme suspecte, & en exigeront des preuves qui excluent toute collusion.

SECTION II.

Des choses, de leur usage, & en général des moyens de les acquérir.

TITRE PREMIER.

Du droit de propriété en général.

LOI PREMIÈRE. On acquiert la propriété ou l'usage d'une chose quelconque, ou bien on en est empêché, 1° *suivant les loix civiles générales*, 2°. *suivant les loix statutaires qui servent d'addition au Code civil*, 3°. *enfin suivant les loix particulières concernant le droit public.* *

* J'ai indiqué ailleurs comment certaines matières devoient être séparées du Code civil & se trouver reservées aux statuts des provinces ou des communes. Il seroit nécessaire qu'on rédigeât de nouveau dans toutes les provinces françaises les statuts ou coutumes, & cette rédaction seroit infiniment fa-

L. 2. *Toutes les chofes peuvent être fujettes à un droit exclufif de propriété, à l'exception de celles qui font confacrées au culte religieux, ou de celles qui font communes à tous les hommes, comme l'eau pour boire ou pour abreuver les beftiaux qui fe trouve dans des lieux dont l'accès eft laiffé libre, ou l'eau des mers, des fleuves & des rivières.*

L. 3. *Il faut excepter également les chofes qui font communes aux hommes d'un pays comme les chemins, places & endroits publics.* On excepte encore les chofes que le gouvernement s'eft appropriées par quelque motif de droit public. Ainfi la chaffe &

---

cile à caufe du grand nombre d'articles dont on ne devroit pas s'occuper dans ces ftatuts, parce que notre Code civil y auroit pourvu. Je voudrois qu'à la fuite de ces nouveaux ftatuts, ou bien à la fuite du Code civil, on inférât les articles des ordonnances touchant le droit public, qu'il conviendra de laiffer en vigueur. On trouveroit dans cette addition les régles auxquelles on doit fe conformer touchant les crémens des fleuves, les varechs, les droits de chaffe, les épaves, &c.

la pêche sont libres par-tout & pour le temps où elles ne sont pas réservées ou prohibées par la puissance regnante, & de manière que l'on ne porte aucun préjudice aux biens d'autrui.

L. 4. En France les biens vacans ne tombent point sous la propriété du premier occupant, mais sont dévolus au Prince qui s'est même reservé un droit sur les mines du Royaume.

L. 5. Cependant les choses perdues & égarées ne seront point réputées faire partie de ces biens vacans. Ceux qui trouveront dans les lieux publics, ou dans les champs, des effets ou sommes d'argent, les déposeront chez le Juge ordinaire du lieu, ou chez le Juge de police, qui dans les petites villes ou villages fera proclamer l'effet trouvé, deux fois consécutives, les dimanches à l'issue de la Messe paroissiale. Dans les grandes villes on donnera avis de la chose trouvée, par des affiches. Ce Juge s'assurera de la vérité des preuves, ou indications fournies par celui qui prétend être le maître de la chose trouvée, & ne la lui délivrera que sous le payement du quint de la valeur que celui-ci donnera à celui qui a trouvé. Si la chose vaut au dessus de cinq cent livres, il ne sera payé que le sixième de la valeur, & au-dessus de mille livres, il ne sera payé que le dixième de cette valeur. Cette délivrance se fera un mois après la première proclamation. Si personne ne réclame l'effet perdu, il sera rendu à celui qui l'a trouvé, celui-ci payant les frais de proclamation. Mais si l'objet est au-dessus d'une valeur de cinq cent livres, il restera déposé pendant six mois, & au premier dimanche de chaque mois, on fera une proclamation comme sus a été dit. Si enfin la chose trouvée ne vaut pas au-dessus de trente livres, il ne sera pas nécessaire de la déposer chez un officier public, mais on devra s'informer à qui elle appartient pour la lui rendre sans rien exiger pour celui qui l'a trouvée.

L. 6. Pour distinguer les biens meubles d'avec les immeubles, l'on se tiendra aux définitions suivantes, savoir : *Les immeubles ou choses immobiliaires sont non-seulement les terres, maisons, ou biens fonds, ou en général tout ce qui ne peut se mouvoir ou changer de place*, mais encore on regardera comme immeubles les capitaux ou contrats de constitution de rente, les obligations par contrats passées par-devant Notaire, ou dues en vertu d'une sentence, les meubles affix ou trabés dans une maison, & enfin les bois, les foins, les grains & autres productions des champs qui y sont sur pied & pendans par les racines. On regardera comme meubles les sommes d'or ou d'argent, les obligations privées, les lettres de change ou cédules, & *en général tout ce qui peut se mouvoir ou être transporté d'un lieu en un autre*. Les bois, ou blés coupés, les foins ou grains fauchés, quand même ils seroient encore sur le champ & non transportés, seront réputés meubles. Enfin les droits & actions feront réputés meubles ou immeubles, fuivant le rapport qu'ils ont à des chofes mobiliaires ou immobiliaires.

TITRE II.

Des moyens en général d'acquérir ou de perdre la propriété ou l'ufage d'une chofe en vertu des Loix civiles.

Loi 1. *La propriété d'une chofe, ou un droit fur une chofe ne peut être tranfmis à autrui, fi ce n'eft par le fait de celui auquel elle appartient, & on ne peut tranfmettre à autrui plus de droits qu'on n'en a foi-même.*

L. 2. *On acquiert par la culture les fruits de la terre, foit qu'on l'ait cultivée foi-même, foit qu'on l'ait faite cultiver pour foi par d'autres ; ou bien on acquiert ces fruits de même que d'autres droits par une fuite & comme un acceffoire du droit de propriété.* Ainfi les crémens ou alluvions d'un terrein font à l'avantage du propriétaire de ce terrein, à moins qu'ils ne se trouvent le long des fleuves ou rivières dont le Prince s'étant réservé le domaine, s'est aussi réservé les crémens. *

L. 3. *L'on acquiert tout ce qu'on gagne par son travail ou par une honnête industrie. On acquiert par succession, ou par l'effet d'une convention ou d'une donation faites librement par des personnes qui peuvent*

* Il conviendroit, ce semble, de discuter, dans les Etats généraux, si le gouvernement doit se réserver autre chose le long des grands fleuves ou rivières, si non les routes pour les chevaux de train qui servent à remonter ces rivières. A mesure que le domaine gagne d'un côté des crémens laissés par ces rivières, de l'autre côté le terrain d'autres particuliers est emporté. Il semble plus naturel que les isles ou islons qui se forment au milieu des rivières appartiennent au gouvernement comme biens vacans ; mais si ces islons ne sont véritablement qu'une portion d'une terre appartenante à un particulier qui vient d'être emportée, ne faut-il pas laisser à ce particulier cette portion de sa propriété ? Faut-il le maltraiter plus que n'a fait la rivière.

vent disposer de leurs droits. Enfin on acquiert par une possession légitime.

L. 4. *On perd le droit de propriété par la donation qu'on en fait*, ou par la prescription, *ou par convention.*

L. 5. *La perte d'une chose, ou les préjudices arrivés par des cas fortuits, sont à la charge du propriétaire.*

L. 6. *Quiconque a la pleine propriété d'un sol peut exercer à son gré son droit de pleine propriété au dessus & au dessous de ce sol*, & les bâtimens appartiennent de droit au propriétaire du sol sur lequel ils sont établis.

TITRE III.

Des droits ou propriétés appartenantes à plusieurs personnes.

Loi. 1. *En général lorsqu'une propriété, qui est divisible sans inconvénient, appartient à plusieurs personnes, chacune d'elles peut en demander le partage.*

L. 2. *Mais un des propriétaires ne peut*

disposer de la chose qu'il tient en commun avec d'autres sans l'accord & le consentement des autres. Ainsi, par exemple, le propriétaire d'une maison ne peut faire dans un mur, qui est mitoyen avec un voisin, des fenêtres ou ouvertures d'aucune manière sans le consentement de ce voisin.

L. 3. S'il n'y a point de titre contraire, il est permis à un voisin de percer ou faire percer, ou démolir un mur commun & mitoyen entre lui & son voisin, si cela est nécessaire pour son bâtiment, en le rétablissant dûment à ses dépens. Il doit néanmoins en avertir au préalable son voisin, & il est tenu de rétablir sans délai ledit mur.

L. 4. *Chacun des co-propriétaires est tenu à l'entretien de la propriété commune, & en proportion de l'intérêt qu'il y a.* Ainsi chacun des voisins doit contribuer à la réfection du mur mitoyen qui menace ruine, suivant la part qu'il a audit mur.

L. 5. *Ceux qui asseoient ou appuyent des*

poutres ou solives sur un mur mitoyen, doivent les assurer d'une manière suffisante, fortifier le mur, si besoin est, pour que le fardeau qu'ils y ajoutent ne menace point de ruiner le mur, & doivent rétablir ce mur dans tout ce qui en a été dégradé pour faire usage du droit d'appui.

L. 6. Cependant, en plaçant ces poutres & solives, on ne doit les introduire & appuyer que jusqu'à l'épaisseur de la moitié du mur mitoyen.

L. 7. Tous murs séparans cours & jardins seront réputés mitoyens, s'il n'y a titre au contraire ; & s'il échoit de refaire ou de réparer ces murs, ainsi présumés mitoyens, & que l'un des voisins se refuse de contribuer à la dépense, l'autre pourra s'emparer de la totalité du mur & le refaire ou réparer pour son compte, en remboursant néanmoins le prix de la portion du mur & du terrain sur lequel il est bâti, qui appartient au voisin.

TITRE IV.

Quelles personnes peuvent acquérir.

Loi 1. *Toutes les personnes libres & capables des effets civils acquièrent par droit réel ou personnel, ce qu'elles acquièrent par leur propre fait*, à moins que par leur intention ou par leur état, ou par leur assujettissement à la puissance d'autrui, ce qu'elles acquièrent, ne doive point leur appartenir en propre.

L. 2. *Il est nécessaire que ceux qui acquièrent par la possession, ayent une intention réelle d'acquérir. Mais cette intention est présumée.* Un insensé, un enfant ou autres qui possédent sans avoir intention de posséder, ne peuvent rien acquérir par la possession, si ce n'est en tant qu'ils y sont autorisés ou suppléés par leurs tuteurs.

L. 3. *Les fils de famille non émancipés & qui vivent séparément de leur père, peuvent acquérir pour eux-mêmes par leur travail.*

Ils peuvent acquérir également *par donation qui leur est faite, ou succession qui leur est échue*, quoiqu'ils ne vivent point séparément de leur père.

L. 4. *Ceux qui ont la capacité d'acquérir par leur propre fait, peuvent aussi acquérir par le ministère des personnes interposées, comme par des agens ou par des procureurs.*

L. 5. Les tuteurs ou curateurs acquièrent pour les pupilles, ou insensés ou mineurs qui sont sous leur autorité ; les pères peuvent acquérir pour leurs enfans.

L. 6. Il n'est point nécessaire qu'on soit présent ou qu'on donne son consentement pour acquérir par le moyen d'autrui ; ni même qu'on en soit instruit. Il suffit qu'on ratifie ou qu'on accepte postérieurement l'acquisition, ou du moins qu'on ne la rejette point lorsqu'on a été instruit, si la personne qui l'a faite au nom de quelqu'un autre, n'avoit aucun droit d'agir pour lui.

TITRE V.

De l'Usufruit, de l'Usage & de l'Habitation.

Loi 1. *On acquiert les droits d'usage, d'usufruit ou d'habitation, de la même manière dont on acquiert les droits de propriété.*

L. 2. *L'usufruitier peut disposer de tous les fruits qui lui ont été laissés. L'usager n'en a qu'une jouissance convenable ou proportionnée à ses besoins.*

L. 3. *L'usufruitier doit faire toutes les réparations nécessaires au fonds dont il a l'usufruit, à moins que ces réparations ne lui paroissant trop considérables, il n'aime mieux renoncer à son droit d'usufruit.*

L. 4. Lorsque l'usufruitier ou l'usager causent volontairement des dommages considérables à la propriété dont ils jouissent, on peut recourir au Juge qui doit les condamner *à les réparer, & même les priver de leur droit de jouissance.* Mais si ces dommages causés volontairement ne sont point trop considérables, ce qui sera estimé par le Juge, ils ne devront être condamnés qu'*à les réparer.*

L. 5. L'usufruitier d'une succession, avant d'entrer en jouissance, doit faire inventaire des biens, à moins qu'il ne s'agisse d'un père auquel nos loix accordent l'usufruit & l'administration des biens dont la propriété appartient à ses enfans, ou à moins que l'usufruit soit donné par un testament où l'usufruitier est dispensé de faire inventaire.

L. 6. *Le droit d'usufruit peut être cédé, vendu, donné à bail, mais non le droit d'usage.* Cependant celui qui a le droit d'habitation d'une maison, peut la louer. Il lui est encore permis de jouir de ce droit d'habitation avec toute sa famille, comme il feroit si la maison lui appartenoit en propre.

L. 7. *La possession qu'on a en qualité d'u-*

ſufruitier ou d'uſager ne peut ſervir à acquérir la preſcription.

L. 8. L'uſufruitier ou ceux qui le repréſentent, ne feront point tenus de reſtituer les meubles compris dans l'uſufruit, & qui feront cenſés être uſés par le laps de dix années; mais le prix de ces meubles doit être rendu ſuivant l'eſtimation qui en aura été faite, lorſqu'on a pris poſſeſſion de l'uſufruit.

L. 9. Lorſque l'uſufruitier fait des réparations néceſſaires au fonds dont il a l'uſufruit, & que ces réparations augmentent la valeur du fonds conſidérée au moment où il en a reçu l'uſufruit, *il eſt fondé à demander au propriétaire la reſtitution de cette dépenſe, dès que le droit d'uſufruit ceſſe, pourvu que cette augmentation de valeur tourne au profit du propriétaire.* Autrement l'uſufruitier *ne peut demander* la reſtitution des frais d'embelliſſement ou d'amélioration non néceſſaires qu'il aura faits.

TITRE VI.

Des servitudes.

Loi 1. Les droits réels ou personnels de servitude s'acquièrent *par convention*, *par donation*, *ou par la possession. Ils sont aussi comme une suite du droit de propriété. Ceux de ces droits qui sont transmissibles s'acquièrent par succession.*

L. 2. *Toutes les réparations nécessaires pour l'usage du droit de servitude sont à la charge de celui qui profite de cette servitude.*

L. 3. Cependant le propriétaire d'un mur ou colonne qui soutient la maison d'un voisin, par droit de servitude qu'exerce ce voisin, *est obligé de faire les réparations nécessaires à ce mur ou colonne dont il est propriétaire*, pour le rendre propre au soutien du poids imposé.

L. 4. Le droit de servitude étant par lui-même odieux, celui qui l'exerce, ne peut l'aggraver ou le rendre plus incommode à celui qui la supporte ; *& dans le doute il faut juger contre le droit de servitude* qui ne peut avoir son effet qu'en tant qu'il a été imposé expressément.

L. 5. Lorsqu'un père de famille donne ou vend une partie de sa maison ou une partie de tout autre fonds, il doit spécialement déclarer quelles servitudes il retient sur le fonds qu'il aliéne, ou quelles servitudes il constitue sur la partie du fonds qu'il retient. Autrement une constitution générale de servitudes qu'il feroit, seroit de nul effet.

L. 6. Si l'on a joui d'une servitude pendant l'espace de trente années, l'on a acquis la prescription qui ne pourra s'acquérir par un moindre espace de temps, & l'on n'a pas besoin de prouver ni qu'on avoit un titre pour prescrire ni que le maître du bien asservi a su & souffert la servitude.

L. 7. La libération de la servitude s'obtiendra par la même prescription ; mais ces prefcriptions n'auront lieu qu'entre âgés & non privilégiés.

L. 8. *Comme les actes facultatifs n'emportent point de prefcription, ils ne peuvent fervir à établir une fervitude.* *

L. 9. Lorfqu'il y a plufieurs propriétaires d'un même fonds, & que la prefcription ne peut avoir lieu à l'égard d'un co-propriétaire, les autres co-propriétaires profitent de fon privilége, & la prefcription n'a pas lieu non plus contre eux.

L. 10. Si un même fonds appartient à plufieurs maîtres, ils doivent tous prêter leur confentement à l'impofition de la fervitude, fans quoi cette fervitude ne peut être valablement impofée.

---

* En place de tous les articles ci-deffus, concernant la prefcription des fervitudes qui n'eft nullement admife par la coutume de Paris, on pourroit adopter les articles des arrêtés de Lamoignon touchant cette prefcription Mais fi l'on eft du même avis que moi, on tiendra pour la prefcription trentenaire, & on fe difpenfera ainfi de faire ufage de ces arrêtés touchant les fervitudes.

L. 11. Les loix ci-dessus touchant les servitudes des maisons ou des biens de campagne n'auront lieu qu'en tant qu'elles ne seront point contrariées par les statuts ou coutumes particulières qui devront être suivies sur ce point. Les mêmes coutumes détermineront la largeur des chemins de servitudes.

TITRE VII.

Des Possessions & Prescriptions.

Loi 1. La condition de celui qui possède est la meilleure. Ainsi *dans le doute il faut juger en faveur du possesseur.*

L. 2. Toutes sortes de droits ou actions s'obtiendront par la possession de trente années, ou se perdront par le non usage durant trente années. Cette prescription aura lieu sans qu'il soit besoin de produire aucun titre.

L. 3 La possession qui sert à prescrire doit avoir été commencée *de bonne foi*, *avec intention de posséder*, *& continuée de même*, sans quoi elle n'opère point de prescription ; mais on doit la supposer telle.

L. 4. *La prescription est interrompue par la demande en justice.* Elle ne court point contre les mineurs de vingt-cinq ans, ni contre les insensés, ni contre les fils de famille qui sont sous la puissance paternelle, ni contre les biens d'une femme, dont le mari a l'administration, *ni enfin contre tous ceux qui n'ont pas la faculté d'agir pour interrompre la prescription.*

L. 5. *Aucune prescription n'a lieu à l'égard des biens possédés à titre de précaire, ou à d'autres titres qui ne transportent point la propriété*, comme seroit un acte de bail ou de dépôt.

L. 6. La possession tranquille, fondée sur un titre juste, ou au moins tenue en apparence à juste titre & de bonne foi par le tiers détenteur d'un immeuble pendant l'espace de dix ans, entre présens,

& de vingt ans entre abſens, entre âgés & non privilégiés, opère preſcription contre l'hypothéque ou contre une rente.

L. 7. Cette preſcription contre une rente a lieu, ſuppoſé que cette rente ait été payée, à l'inſu du tiers détenteur. Mais ſi le créancier de la rente a eu juſte cauſe d'ignorer l'aliénation, parce que le débiteur de ladite rente ſeroit toujours demeuré en poſſeſſion de l'immeuble par le moyen de location, retention d'uſufruit, conſtitution de précaire ou autre ſemblable; pendant ledit temps la preſcription n'auroit point couru.

L. 8. Sont réputés préſens * ceux qui

---

* J'aurois mis ici = *ſont réputés préſens ceux qui demeurent dans l'étendue du reſſort de la Cour ſouveraine où eſt ſitué l'immeuble*; = mais dans le moment où j'ai tracé les articles de ce Code, certains reſſorts des Cours ſouveraines m'ont paru trop étendus pour reputer préſentes ou voiſines les perſonnes habitantes aux extrémités oppoſées de ces reſſorts.

ſont demeurans dans l'étendue du bailliage ou ſénéchauſſée, où eſt ſitué l'immeuble.

L. 9. Lorſque celui contre lequel on preſcrit, a été pendant un certain temps préſent & pendant le reſte du temps abſent, il faut que le temps de ſon abſence ſoit compté au double, pour qu'on puiſſe acquérir la preſcription : par exemple, s'il n'a été préſent que quatre ans; en ce cas, au lieu de ſix ans qui reſtent pour parvenir juſqu'à dix, il en faut douze pour accomplir la preſcription.

L. 10. Si une dette ſolidaire entre pluſieurs créanciers a été reconnue envers l'un d'eux, la preſcription eſt non-ſeulement interrompue à l'égard de celui-là, mais encore à l'égard des autres créanciers. De même ſi la dette eſt ſolidaire entre pluſieurs débiteurs, l'interpellation faite à l'un d'eux interrompt la preſcription contre tous les autres.

L. 11. Si avant que le temps de la preſcription ſoit achevé, le créancier eſt devenu débiteur de son débiteur, la compensation est censée faite entr'eux; & si le débiteur venoit lui demander le payement de la créance qu'il a acquise contre lui, après que le temps requis pour la prescription de sa dette s'est écoulé, cette demande seroit rejetée, parce qu'il faut admettre pour règle, savoir : *Que les motifs, dont le temps est borné pour fonder une action, durent à perpétuité pour fonder une exception.*

L. 12. Quoique les titres nuls puissent donner lieu à commencer une prescription, *les titres frauduleux ou occasionnés par le dol, ne peuvent donner lieu à aucune prescription; & la possession prise par violence n'opère non plus aucune prescription.*

L. 13. L'usure ne peut être couverte par aucune prescription, à moins que le principal n'ait été aussi payé.

L. 14. Le cens payé pendant dix années consécutives ou reconnu par un acte public, est imprescriptible; mais chaque annuité du cens prise séparément est prescriptible

criptible par le laps de trente années.

L. 15. La quotité du cens est prescriptible par le laps de trente ans.

L. 16. La faculté de racheter une rente constituée à prix d'argent, ne peut se prescrire même par cent ans : de même on ne pourra prescrire d'aucune façon la faculté de racheter une rente foncière constituée sur une maison.

L. 17. La faculté donnée par contrat de racheter héritage ou rente de bail d'héritage à toujours, se prescrit par trente ans entre âgés & non privilégiés.

L. 18. La possession d'un an entre présens, & de trois ans entre absens, suffit pour la prescription des choses mobiliaires.

L. 19. Un pupille qui a passé l'âge de l'enfance, peut commencer une prescription qui lui est favorable & est censé avoir lui-même l'intention de posséder, quoiqu'il soit soumis à l'autorité d'un tuteur :

ou bien les tuteurs ou curateurs peuvent commencer une possession ou prescription en faveur de leurs pupilles ou mineurs.

L. 20. Les représentans d'un défunt continuent à accomplir la prescription par lui commencée, & cette prescription court toujours en faveur de l'héritage, même pendant que l'héritage resteroit jacent.

L. 21. Un possesseur *de bonne foi*, quand même il se trouveroit obligé à rendre le fonds possédé, *n'est point obligé à rendre les fruits qu'il a recueillis, & qu'il a consommés.* Mais les fruits qui sont encore pendans *appartiennent au propriétaire*, à l'instant où il revendique son fonds, sauf le droit *qu'a le précédent possesseur d'être remboursé des dépenses ou cultures d'où sont provenus ces fruits.*

L. 22. *On ne regarde point comme une possession qui puisse prescrire ni nuire au propriétaire celle qui a lieu par une espèce de droit de familiarité*; comme lorsque, parmi des parens qui habitent ensemble, l'un faſt des actes de poſſeſſeur dans la propriété de l'autre, ou bien lorſqu'un domeſtique ou l'agent ordinaire d'un propriétaire fait de ſemblables actes de poſſeſſeur.

L. 23. Lorſque les parties ont diſpoſé par tranſaction d'une choſe pour laquelle la preſcription avoit commencé à courir en faveur de l'une d'elles, cette preſcription eſt interrompue par la tranſaction.

SECTION III.

Des Successions.

TITRE I.

Des Héritiers en général.

LOI PREMIERE. *L'héritier représente la personne du défunt, non-seulement pour tous les droits & actions transmissibles qu'avoit celui auquel il a succédé, mais encore pour les obligations dont il étoit chargé. Il ne peut accepter l'hérédité pour une partie & la répudier pour une autre.* Car son titre d'héritier est indivisible.

L. 2. Celui qui a accepté purement & simplement une hérédité, est tenu au payement de toutes les dettes du défunt, quand même elles excéderoient la valeur de l'hérédité.

L. 3. *Les actions criminelles ne se transmettent point*, à moins que le défunt n'eut déjà commencé de les intenter. *En aucun cas l'héritier ne peut être actionné criminellement pour les délits du défunt ; mais il peut être actionné civilement pour la restitution de ce que le défunt avoit acquis par des voies illicites.*

L. 4. Le droit d'hérédité est censé acquis à l'héritier dès l'instant de la mort de celui auquel il succéde.

L. 5. *Il est permis à l'héritier de renoncer à l'héritage.* Il se délivre ainsi des obligations que lui imposeroit la qualité d'héritier & en perd en même temps les avantages.

L. 6. Cette renonciation ou répudiation doit se faire dans l'espace d'une année qui court seulement du jour où l'héritier a demandé au Juge le temps de délibérer.

L. 7. Si l'héritier ne fait aucun acte d'acceptation, ni ne manifeste point légalement vouloir user du droit de délibérer, les personnes intéressées à ce que l'hérédité ſoit acceptée, ou non, peuvent faire ordonner que le temps de délibérer commencera à courir ; & pendant ce temps il doit être nommé un curateur à l'héritage jacent, en appelant les parties intéreſſées.

L. 8. Si l'héritier n'a point répudié l'héritage, pendant le temps pour délibérer qui lui aura été accordé, il ſera cenſé l'avoir accepté après l'expiration de ce temps.

L. 9. Il ſera encore permis à l'héritier d'empêcher que ſes propres droits ſoient confondus avec ceux du défunt, en acceptant l'héritage par bénéfice d'inventaire.

L. 10. Pour jouir de ce bénéfice d'inventaire, il faut 1°. que l'héritier ait fait appoſer le ſcellé aux biens meubles du défunt dans trois jours après ſon décès ; 2°. qu'il ait commencé l'inventaire dans trente jours au moins après l'appoſition du ſcellé ; 3°. que cet inventaire ſoit achevé deux mois après qu'il aura été commencé, à moins que par des motifs suffisans on ait obtenu du Juge la prolongation du terme pour achever l'inventaire; 4°. que cet inventaire des biens héréditaires soit fait sans fraude. Par ce moyen l'héritier ne sera pas obligé au payement de plus de dettes que les biens héréditaires n'en peuvent supporter, déduction faite des frais d'inventaire & de scellé.

L. 11. L'héritier bénéficiaire conserve le droit d'agir pour les créances qu'il avoit contre le défunt, concurremment avec les autres créanciers, comme s'il n'étoit point héritier.

L. 12. Il est permis à l'héritier bénéficiaire de payer, au moyen des biens de l'hérédité, les créanciers ou légataires qui se présentent à lui les premiers, sauf aux autres créanciers qui ont des droits d'antériorité ou d'hypothéque, d'agir contre ceux qui ont reçu leurs legs ou leur payement, au cas qu'il ne reste pas dans l'hérédité de quoi satisfaire à leurs créances, & sauf à eux d'exercer leurs droits d'hypothéque. Si néanmoins l'héritier bénéficiaire est instruit de l'antériorité des créanciers, il doit payer préférablement ces créanciers antérieurs.

L. 13. Les héritiers bénéficiaires peuvent renoncer à l'hérédité en rendant compte.

L. 14. Parmi plusieurs héritiers de la même personne, celui qui se porte pour héritier bénéficiaire ne sera point exclus par celui qui se porte pour héritier simple.

L. 15. La qualité de légataire est compatible avec celle d'héritier, & celui qui sera héritier bénéficiaire pourra faire valoir ses droits de légataire.

L. 16. Les héritiers qui succèdent inégalement, sont tenus aux dettes du défunt, seulement en proportion de la part qu'ils ont eue dans l'héritage.

L. 17. L'héritier bénéficiaire qui aura

été condamné de payer une dette avec dépens, n'eſt point tenu de payer ces dépens ſur ſes propres biens, mais ſur ceux de l'héritage, à moins qu'il n'ait ſoutenu le procès témérairement, n'ayant aucun motif probable pour douter de la légitimité de la dette prétendue.

L. 18. Les enfans du défunt, & à leur défaut ſes plus proches parens, ſont préſumés être ſes héritiers. Les plus proches parens, ou les héritiers teſtamentaires, ſont cenſés ſaiſis de la ſucceſſion de plein droit, à moins qu'il ne conſte de leur renonciation.

L. 19. *L'héritier ne peut faire ſiens les fruits de l'héritage qu'autant qu'il l'a accepté purement & ſimplement ;* mais par le moyen de cette acceptation expreſſe ou tacite, il peut percevoir ces fruits à dater du jour du décès de la perſonne à laquelle il a ſuccédé.

L. 20. *Toutes perſonnes qui ſont capables des effets civils ſont habiles à ſuccéder, même celles qui n'ont pas le droit d'administrer leurs biens, comme les femmes sous puissance de mari, les impubères, & les fils de famille.* Ceux qui ont renoncé aux effets civils par les vœux qu'ils ont prononcé en embrassant l'état religieux ne peuvent succéder.

L. 21. *On exclud de l'hérédité, comme indignes, ceux qui ont attenté à la vie de celui dont ils prétendent la succession, soit qu'ils soient venus à bout ou non de le faire mourir. Il en est de même de ceux qui, ayant su que celui dont ils demandent la succession étoit en danger de périr, ont négligé de lui porter secours, pouvant le faire.*

L. 22. Il en est de même de ceux qui ont tâché de ternir la mémoire du défunt après sa mort, en élevant des contestations sur son état, sur sa qualité, & de ceux qui n'agissent point en justice pour faire punir les meurtriers du défunt qui leur a laissé sa succession, négligeant ainsi de venger sa mort.

L. 23. L'héritier légitime eſt indigne de ſuccéder, s'il a empêché le défunt de nommer un héritier teſtamentaire ; il en eſt de même de l'héritier teſtamentaire qui a empêché le défunt de changer les diſpoſitions de ſon teſtament.

L. 24. *L'héritier ſera cenſé avoir accepté tacitement l'hérédité*, s'il a vendu ou donné à bail des biens héréditaires, ou s'il a payé quelque dette du défunt. Mais les perſonnes qui ſont en tutelle ou en curatelle, ou qui ſont ſous la puiſſance paternelle, *pourront revenir contre leurs actes d'acceptation expreſſe ou tacite*, quand même ils y auroient été autoriſés par ceux qui adminiſtrent leurs biens. Les femmes qui ſont ſous la puiſſance maritale, ne pourront revenir contre ces actes qu'en tant qu'elles n'y auront pas été autoriſées par leur mari.

TITRE II.

De la manière de compter les dégrés de parenté suivant le droit civil.

Loi 1. *Parmi les descendans, les fils ou les filles sont au premier dégré; viennent ensuite les petits-fils; après eux les arrière-petits-fils & ainsi successivement de génération en génération.*

L. 2. *Parmi les ascendans, le premier dégré est occupé par le père & la mère, le second dégré par les aïeuls & aïeules; les bisaïeuls & bisaïeules viennent après. Ainsi de suite en remontant.*

L. 3. Parmi les collatéraux, on commence en comptant par le second dégré qui est rempli par les frères ou sœurs du défunt. Le troisième dégré est rempli par les enfans de ces frères ou sœurs qui sont les neveux du défunt, ou bien par les oncles ou tantes du défunt; ceux qui viennent immédiatement après, sont au quatrième dégré, & ainsi de proche en proche.

TITRE III.

Des Descendans.

Loi 1. *Entre tous les successeurs légitimes ou* ab inteſtat, *ceux qui excluent tous les autres, & qui sont regardés comme les plus proches en dégré, sont les enfans du défunt & à leur défaut ses fils ou arrière-petits fils* sans aucune préférence pour les enfans mâles ou pour les filles, pour les enfans qui étoient sous la puissance du défunt ou pour les émancipés, pour les enfans légitimes ou pour les enfans légitimés par un mariage subséquent.

Loi 2. La seule inégalité qui aura lieu dans le partage d'une hérédité entre descendans, consistera dans le préciput * que

* Comme il me convient de proposer parmi les innovations nécessaires, celles qui sont les plus douces, qui s'accommodent le mieux avec la jurisprudence précédente, je propose ce préciput pour entrer dans l'esprit du droit coutumier qui est le

prendra l'aîné des mâles. Ce préciput consistera à prélever une simple part légitimaire en faveur de cet aîné, avant de faire le partage de la succession qui sera égal entre tous les enfans.

L. 3. Les enfans illégitimes ne succèdent point *ab intestat* aux biens de leurs parens paternels ni maternels, & ne peuvent demander sur ces biens que des alimens convenables. Mais les filles bâtardes peuvent demander une dot, comme a été dit ci-dessus, & cette dot leur tient lieu d'alimens.

L. 4. Lorsqu'il y a des fils qui succédent, & qu'il y a des petits-fils nés d'un

---

droit le plus étendu en France. J'avoue néanmoins que si je n'avois pas été retenu par cette considération de l'état précédent des loix dans le plus grand nombre des provinces, je me serois conformé tout uniment au droit romain touchant la succession des enfans, en laissant la liberté des testamens aux pères & mères, liberté qui a ses inconvéniens, mais qui a encore plus d'avantages.

autre fils qui eſt décédé, *ces petits-fils concourent à la ſucceſſion de leur aïeul avec leurs oncles ou tantes*, mais ne concourent que par droit de repréſentation, c'eſt-à-dire, n'ont entr'eux que la portion qui feroit obvenue à leur père, s'il avoit vécu. Ce droit de repréſentation des fils ou des filles appartient aux deſcendans en ligne directe juſqu'à l'infini.

L. 5. *On doit compter parmi les deſcendans les enfans poſthumes.* Mais les poſthumes qui ſont enfantés morts ſont cenſés n'avoir point été procréés. *

---

* La matière des ſucceſſions eſt celle ſur laquelle il paroît le plus difficile d'engager les diverſes provinces à conſentir un Code uniforme. Mais puiſque cette uniformité dans la manière de ſuccéder n'auroit lieu que pour les enfans iſſus des mariages contractés poſtérieurement à la publication du nouveau Code, quel intérêt les citoyens des diverſes provinces ont-ils à oppoſer contre le Code uniforme dont il s'agit? Cependant au cas que les diverſes provinces vouluſſent conſerver certaines loix propres dans la manière de ſuccéder, on pourroit former quatre ou cinq claſſes diſtinc-

TITRE IV.

Des Ascendans.

Loi 1. *A défaut de descendans du défunt, ses ascendans sont appelés à sa succession.*

L. 2. Les ascendans sont admis à l'hérédité de leurs descendans intestats jusqu'à l'infini, les plus proches en degré excluant les plus éloignés.

---

tes des portions du royaume, pour lesquelles on marqueroit clairement dans le nouveau Code français les diverses manières de succéder. Un tel arrangement, dont l'idée m'a été communiquée par un avocat de Paris aussi célébre par son éloquence que recommandable par la justesse de ses vues politiques, & par l'esprit de sagesse qu'il montre maintenant dans l'Assemblée nationale, un tel arrangement, dis-je, ne rendroit pas trop compliqué le Code. Les loix civiles seroient encore assez simples pour être à portée de tous les citoyens. Cependant comme il est désirable de parvenir tôt ou tard à une entière uniformité, je ne rédige qu'une seule loi touchant les successions pour tout le Royaume.

L. 3.

L. 3. Lorſque le père & la mère ſurvivent tous les deux à leur enfant, ils lui ſuccèdent par égale portion ; & lorſqu'il n'y a que l'un d'eux qui ſurvive, il a ſeul toute la ſucceſſion. Mais il faut excepter de cette règle les biens venus du côté paternel qui retournent au père ou à ſes repréſentans, & les biens venus du côté maternel qui retournent à la mère ou à ceux qui la repréſentent.

L. 4. Au défaut des père & mère du défunt, les aïeuls & aïeules, & à défaut de ceux-ci les biſaïeuls & biſaïeules qui ſont au même degré, ſuccèdent également. C'eſt-à-dire, la moitié des biens de l'hérédité eſt dûe aux aïeuls ou biſaïeuls paternels, en quelque nombre qu'ils ſe trouvent, & l'autre moitié eſt dûe aux aïeuls ou biſaïeuls maternels qui ſont au même degré. Ce qui a lieu ſans préjudice du droit qu'ont les parens du côté paternel ou maternel, de reprendre chacuns les biens qui ſont venus de leur côté.

L. 5. Si le défunt a laissé des frères ou sœurs ou des neveux ou nièces, ces frères ou sœurs, neveux ou nièces concourent à la succession avec les ascendans pour une portion égale, savoir, les frères ou sœurs *par têtes*, & les neveux ou nièces *par souche*, c'est-à-dire, par droit de représentation de leur père ou mère décédés.

L. 6. Dans le cas de la loi précédente, la distinction des biens paternels ou maternels qui doivent retourner aux parens du côté d'où ils sont venus, n'aura lieu que relativement aux ascendans, & ne diminuera point la part que doivent prendre les frères ou sœurs, ou les neveux ou nièces.

L. 7. Mais entre les frères ou sœurs du défunt qui concourent ainsi à sa succession, ceux qui ne sont que consanguins ou utérins, n'auront qu'une demi-portion, les germains auront une portion entière.

TITRE V.

Des Collatéraux & autres Succeſſeurs.

L. 1. Aucun des collatéraux n'eſt admis à la ſucceſſion légitime, que lorſqu'il n'y a point de deſcendans. Aucun même de ces collatéraux n'eſt admis à la ſucceſſion légitime, que lorſqu'il n'y a point d'aſcendans. Mais il faut excepter de cette dernière règle les frères ou ſœurs, & les deſcendans de ces frères ou ſœurs.

L. 2. Lorſqu'il n'y a point d'aſcendans, & qu'il y a des frères ou ſœurs germains qui concourent à la ſucceſſion avec des conſanguins ou utérins, ceux-ci n'ont qu'une demi portion à prendre de l'hérédité, tandis que les germains doivent prendre une portion entière.

L. 3. Les collatéraux ſuccèdent par tête ou par ſouche en conformité des diſtinctions ſuivantes : ou les collatéraux ſont les uns au ſecond degré, les autres au troisième degré ; & alors ceux qui sont au troisième degré, c'est-à-dire, les fils des frères décédés du défunt, sont admis par souche concurremment avec les autres du second degré qui sont admis par tête : ou les collatéraux sont au même degré sans aucune différence ; & alors ils succèdent tous également par tête : ou ils sont au même degré avec la différence que les uns sont au degré en remontant, & les autres en descendant, c'est-à-dire, les uns sont neveux & les autres oncles du défunt ; dans ce cas les neveux excluent de la succession les oncles du défunt. En général les collatéraux descendans excluront les collatéraux ascendans, si les descendans sont en degré égal ou plus proche de parenté avec le défunt.

L. 4. Il n'y a aucun droit de représentation parmi les collatéraux au delà du troisième degré. Si celui qui meurt *ab intestat* ne laisse ni descendans ni ascendans, ni frères ni sœurs, ni neveux ni nièces, sa succession doit être déférée à ſon plus proche parent en ligne collatérale ſans aucune diſtinction entr'eux ; & s'il y a plusieurs parens qui ſoient au même degré, ils doivent ſuccéder par égale portion, c'eſt-à-dire, par tête & non par ſouche.

L. 5. La ſucceſſion *ab inteſtat* n'appartient aux collatéraux que juſqu'au dixième degré. L'hérédité de celui qui ne laiſſe que des parens plus éloignés, eſt regardée comme vacante. Les parens illégitimes ou bâtards ne ſont point conſidérés comme parens.

L. 6. L'époux ſurvivant ſuccédera *ab inteſtat* à l'époux défunt au préjudice des parens collatéraux qui ne viennent qu'après le cinquième degré.

L. 7. Il y aura auſſi droit de ſucceſſion *ab inteſtat* entre le gendre & le beau-père ou la belle-mère, ou ainſi qu'entre le beau-père ou la belle-mère & la bru réciproquement & au préjudice du Fiſc, s'il n'y a que des parens collatéraux éloignés au-delà du dixième degré.

TITRE VI.

Des biens paternels ou maternels, & du droit d'accroiſſement.

Loi 1. Les biens paternels ou maternels qui doivent retourner au côté d'où ils ſont venus, ſi celui qui les poſſédoit eſt mort *ab inteſtat*, ne pourront être revendiqués malgré le teſtament de celui qui les poſſédoit, que par ceux-là même qui lui en avoient fait donation.

L. 2. Ces biens paternels ou maternels qui doivent retourner au côté d'où ils ſont venus, ne pourront être prétendus *ab inteſtat* que lorſqu'il n'y a point de deſcendans & par les aſcendans en ligne directe, ou bien par les aſcendans collatéraux qui les avoient donnés eux-mêmes, ou bien par les fils ou filles, les petits-fils ou petites-filles, les frères ou ſœurs ſeulement de celui qui les avoit donnés ou tranſmis.

L. 3. Autrement tous les biens d'un défunt ne feront confidérés que comme étant d'une même efpèce, relativement au droit de fucceffion, & les biens meubles feront toujours regardés comme des biens qui étoient propres au défunt.

L. 4. Les enfans de deux lits du même père n'ont point de droit à fuccéder *ab inteftat* à l'époufe de leur père qui n'eft point leur mère : de même les enfans de la même mère qui a eu plufieurs maris n'ont aucun droit à la fucceffion de l'époux de leur mère qui n'étoit point leur père.

L. 5. Lorfqu'une femme qui a convolé en fecondes noces & qui a des enfans du premier & du fecond mariage furvit à fon fecond mari & meurt enfuite *ab inteftat*, les enfans des deux lits lui fuccédent par égale portion, excepté pour les biens qu'elle a acquis par des donations reçues de fes maris en contrat de mariage ; chacune de ces donations appartient aux enfans du mari dont ils font iffus & ne fe communique point aux autres enfans. Il en feroit de même pour d'autres mariages de la même femme.

L. 6. Il en eft de même à l'égard des biens délaiffés *ab inteftat* par le père qui a des enfans de plufieurs lits & qui a furvécu à plufieurs femmes. Tous ces biens font communs à ces enfans indiftinctement, à l'exception de la dot & des avantages nuptiaux qu'il a reçus de chacune de fes femmes. Cette dot & ces avantages doivent être confervés & appartenir privativement aux enfans iffus de la femme d'où ces biens font venus.

L. 7. La portion héréditaire d'un héritier légitime qui ne fuccéde pas ou qui renonce à la fucceffion , eft dévolue au profit des autres héritiers par droit d'accroiffement & en proportion de la part qu'ils ont dans l'hérédité.

TITRE VII.

Des Dispositions de dernière volonté & des Donations entre vifs.

Loi 1. Les articles de l'ordonnance de 1735 concernant les teſtamens, continueront à être exécutés dans tout le Royaume en tout ce qui ne contrarie point les loix contenues dans ce Code.

L. 2. Les rentes léguées à des œuvres pies ſur des maiſons, ſeront rachetables au denier vingt, quoique le teſtateur l'ait prohibé ; mais on en fera le remploi.

L. 3. Deſtination de père de famille vaudra titre, ſoit qu'elle ſoit inſérée dans ſes diſpoſitions authentiques de dernière volonté, ſoit qu'elle ſoit ſimplement écrite par lui ; mais non autrement. Ces diſpoſitions du père de famille entre ſes enfans vaudront à l'exception de ce qui pourroit bleſſer le droit des légitimaires.

L. 4. Les teſtamens, ainſi que les actes de donation faits par le mari en faveur de la femme, ou par la femme en faveur du mari, seront nuls, lorsqu'ils auront été faits pendant la dernière maladie de laquelle sera mort le testateur ou donateur.

L. 5. Les donations qui doivent être regardées comme nulles entre mari & femme, lorsqu'elles n'ont point été faites en contrat de mariage, ou avant, n'ayant point été révoquées pendant la vie du donateur, acquièrent la force de donation à cause de mort.

L. 6. Les dispositions de dernière volonté dont la nature est de pouvoir être révoquées jusqu'au dernier moment de la vie, sont valables, pourvu que la personne qui les fait puisse disposer de ses biens, & pourvu qu'elles soient faites librement ; d'ailleurs de quelque manière qu'on dispose de ses biens à cause de mort, l'intention du testateur est la loi qu'il convient de suivre pour décider tous les doutes qui peuvent ſe rencontrer dans les matières teſtamentaires.

L. 7. L'inſtitution d'héritier eſt nulle dans un teſtament, lorſque le teſtateur n'a point fait mention de quelqu'un de ſes enfans, ou l'a privé entièrement de ſes droits ſans quelque motif ſuffiſant.

L. 8. La ſurvenance d'enfans du teſtateur, ſoit durant ſa vie, ſoit après ſa mort annulle l'inſtitution d'héritier contenue dans ſon teſtament qui a été fait avant que ces enfans fuſſent nés, à moins que leur naiſſance n'ait été prévue, & qu'il n'ait été fait mention d'eux dans le teſtament. Mais ſi les enfans qui ſont nés après le teſtament pendant la vie du teſtateur, ſont enſuite morts avant lui, le teſtament reprend ſa validité & doit avoir ſon exécution.

L. 9. Lorſque celui qui a fait un teſtament tombe dans quelque incapacité de teſter, ſon teſtament devient nul & ne produit aucun effet, ſi toutefois il meurt dans cette incapacité.

L. 10. Dans tout le Royaume les dispositions de dernière volonté ne seront valables qu'en tant que celui qui les fera, aura l'âge de vingt ans accomplis. A cet âge on pourra disposer à cause de mort de tous ses biens, sauf ce qui a été statué touchant la puissance paternelle, & touchant la distinction des biens paternels & maternels qui doivent retourner au côté d'où ils sont venus.

L. 11. Les dispositions de dernière volonté pourront être faites valablement en faveur des filles comme en faveur des mâles.

L. 12. Dans tout le royaume les femmes mariées pourront faire des dispositions de dernière volonté sans l'autorisation de leur mari.

L. 13. Les dispositions de dernière volonté qui blesseroient les droits des légitimaires ne seront point annullées, mais seulement réduites de manière que ces droits soient conservés.

L. 14. La ſubſtitution qui ſe fait, lorſqu'on inſtitue un ſecond héritier, pour qu'il ſuccéde au cas que le premier héritier inſtitué ne puiſſe ou ne veuille pas ſuccéder, ſera regardée comme une eſpèce d'inſtitution d'héritier.

L. 15. La ſubſtitution appelée pupillaire, par laquelle un teſtateur, après avoir inſtitué héritier ſon enfant qui n'a point encore quatorze ans, fait le teſtament en place & pour les biens de cet enfant au cas qu'il meure avant cet âge de quatorze ans, ſera permiſe. Mais la mère de cet enfant ne pourra être fruſtrée de ſon droit de légitime ſur les biens de cet enfant.

L. 15. Quant aux ſubſtitutions fidéicommiſſaires, elles ne pourront s'étendre au delà d'un ſeul dégré, l'inſtitution d'héritier non compriſe. Mais nous déclarons nuls toutes ſortes de moyens qui ſeroient pris pour diminuer la valeur de la ſubſtitution.

L. 17. Non-ſeulement les droits légitimaires des enfans du teſtateur ne pourront être fraudés par l'établiſſement d'un fidéi-commis ; mais encore les enfans de la perſonne qui eſt chargée de rendre l'héritage ſubſtitué pourront légitimer ſur cet héritage, pourvu que les biens de cet héritage ſoient provenus de leur aïeul ou aïeule, ou biſaïeul ou biſaïeule.

L. 18. Les inſtitutions d'héritier & ſubſtitutions contractuelles ne vaudront que dans les contrats de mariage.

L. 19. Quiconque ſera chargé de rendre une ſubſtitution ſera tenu aux mêmes obligations qu'un uſufruitier relativement aux biens ſubſtitués ; & les ſubſtitutions ne vaudront au préjudice des créances hypothéquées ſur l'hérédité qu'en tant qu'elles auront été inſinuées dans un regiſtre public, dans trois mois après la mort du teſtateur, ou au moins trois mois avant l'établiſſement de ces créances.

L. 20. Dans les cas douteux, les Juges favoriseront la cause des héritiers légitimes préférablement à celle des héritiers testamentaires.

L. 21. Les articles de l'ordonnance de 1731, touchant les donations, seront exécutés dans tout le Royaume, en tout ce qui ne contrarie point les loix du présent Code.

L. 22. Les donations entre vifs faites par les pères aux enfans qui sont sous leur puissance, ne seront valables que lorsqu'elles seront faites en contrat de mariage & sauf la légitime des autres enfans.

L. 23. Pendant seulement le temps fixé pour la durée de la puissance paternelle, les enfans émancipés ou non ne pourront donner entre vifs leurs biens fonds à leurs ascendans ; mais ceux qui seront émancipés ne pourront pendant ce temps donner ni tester au préjudice de leur père ou ascendant paternel qu'en faveur des enfans qu'ils auront eux-mêmes.

L. 24. Les donations entre vifs, faites par un donateur ou donatrice, qui a des enfans légitimes capables de recevoir, en faveur d'autres personnes qui ne sont point ses descendans, seront absolument nulles en tout ce qui excédera la dixième portion des biens du donateur, à moins qu'il ne soit prouvé que tous les enfans ou descendans du donateur qui existent, ont grièvement démérité envers lui.

L. 25. Si une donation a été faite par quelqu'un qui n'avoit point d'enfans, la survenance d'enfans légitimes annulle entièrement cette donation.

L. 26. Toutes donations peuvent être faites par les personnes capables de s'obliger, & en faveur des personnes capables des effets civils. Bien plus, toutes sortes de donations sont permises entre futurs conjoints qui n'ont point d'enfans d'un mariage précédent. Mais ces donations ne peuvent frustrer le droit légitimaire des ascendans, ou à leur défaut le droit légitimaire des frères ou sœurs.

TITRE

TITRE VIII.

De la Légitime & du rapport des biens.

Loi. 1. *Les enfans ont un droit de légitime sur l'héritage de leurs père & mère*, & ce droit consiste en la moitié de ce qu'ils auroient eu *ab intestat*.

L. 2. Si quelqu'un des enfans est décédé, *les petits enfans obtiennent le droit de légitime par droit de représentation de leur père ou mère.*

L. 3. Il n'y a aucune différence relativement à la légitime des descendans entre les enfans mâles & les filles, entre les émancipés & les non émancipés, entre les légitimes & ceux qui sont légitimés par un mariage subséquent.

L. 4. Cependant le fils aîné ou ses représentans qui, au lieu d'entrer en partage d'une hérédité *ab intestat*, viendront par droit de légitime, auront une autre part légitimaire par préciput. C'est-à-dire, entre plusieurs enfans légitimaires l'aîné mâle figurera comme ayant double portion, ou représentant deux personnes. Ainsi, par exemple, s'il y a quatre enfans, l'aîné des mâles aura par droit de légitime le quart de l'hérédité, les autres n'en auront qu'un huitième; s'il y a trois enfans, l'aîné des mâles aura le tiers de l'hérédité, les autres n'en auront qu'un sixième, ainsi du reste.

L. 5. A défaut de descendans les ascendans les plus proches en degré, à l'exclusion des plus éloignés, sans distinction du côté paternel ou du côté maternel, ont un droit de légitime consistant au tiers de l'héritage, qui se partagera entr'eux s'ils sont plusieurs au même degré.

L. 6. A défaut de descendans & d'ascendans, les frères ou sœurs auront également un droit de légitime consistant au tiers de l'héritage à partager entre les légitimaires; & pour ceux-ci leurs fils ou petits-fils pourront venir par droit de représentation.

L. 7. La légitime doit être payée sans

délai, dès l'inſtant de la mort de celui ſur les biens duquel elle ſe prend. Elle doit être franche de toutes charges, & ne doit dépendre d'aucune condition.

L. 8. La légitime ſe prend ſur la maſſe des biens qui compoſent l'hérédité; déduction faite de toutes les dettes du défunt.

L. 9. Ceux qui demandent la légitime ſur les biens d'un défunt, ainſi que ceux qui prétendent une portion d'hérédité *ab inteſtat*, n'y ſont point admiſſibles, s'ils ne rapportent dans la maſſe de l'hérédité qui doit être partagée, ou ſur laquelle la légitime doit être priſe, les biens qu'ils ont déjà reçus du défunt, ſoit par donation quelconque, ſoit en vertu de quelque diſpoſition de dernière volonté. Tout ce qu'ils ont déjà reçu doit être imputé ſur la portion qu'ils prétendent.

L. 10. Celui qui fait ainſi un rapport de biens, peut déduire les dettes dont les biens qu'il rapporte étoient chargés lorsqu'il les a reçus. Il n'est pas obligé de faire compte, parmi les biens qu'il rapporte, de ceux dont la perte est arrivée sans qu'il y ait eu de sa faute.

L. 11. Les personnes capables de contracter peuvent renoncer expressément ou tacitement à leur droit de légitime.

L. 12. L'action, en demande de légitime, se prescrit par le laps de cinq années entre âgés & non privilégiés.

L. 13. Dans le partage d'une succession, ou lors de la fixation des légitimes sur les biens d'un ascendant, le père doit rapporter même ce qui a été donné à ses enfans, lorsque le bien donné à ceux-ci par les aïeux n'excède pas les obligations dont le père est tenu envers ses enfans, ou n'excède pas les dons qu'il leur feroit suivant un usage ordinaire, & peut tenir place de ces dons. Mais il ne rapportera point l'excédant, & se conduira, à cet égard, comme des donataires ou légataires étrangers.

L. 14. L'enfant qui ſurvit à ſes père & mère & qui prétend à la ſucceſſion de ſes aïeul & aïeule, quoiqu'il renonce à la ſucceſſion de ſeſdits père ou mère, eſt néanmoins tenu de rapporter à la ſucceſſion de ſes aïeul ou aïeule tout ce qui a été donné à ſes père ou mère par ledit aïeul ou aïeule, ou moins prendre.

L. 15. Lors du partage d'une hérédité, le donataire faiſant rapport en eſpèce de ce qu'il poſsède déjà, doit être rembourſé par ſes co-héritiers des dépenſes utiles & néceſſaires faites dans le fond ſujet au rapport; autrement il eſt ſeulement tenu de rapporter l'eſtimation de ce fonds, eu égard au temps du partage, en déduiſant les dépenſes utiles qu'il y a faites.

L. 16. Le donataire peut s'en tenir à la donation qu'il a reçue, en renonçant à l'hérédité, ſauf le droit des autres légitimaires.

L. 17. Les fruits de la choſe donnée,

ne doivent ſe rapporter que du jour auquel la ſucceſſion eſt échue ; & ſi c'eſt une ſomme d'argent qui ait été donnée, les intérêts de cette ſomme ſeront ſujets au rapport, depuis ſeulement l'ouverture de la ſucceſſion, à raiſon du denier vingt.

SECTION IV.

Des Obligations.

TITRE PREMIER.

Des Obligations en général.

LOI PREMIERE. *Toutes les conventions & obligations sont valables & exécutoires, si elles ont été passées librement entre personnes qui pouvoient s'obliger.*

L. 2. *Il faut encore que l'exécution de l'obligation soit possible, ou, ce qui doit être regardé comme la même chose, il faut que l'objet de la convention ou obligation soit licite & honnête. Une obligation contre les mœurs est nulle, de même que celle dont l'exécution est impossible.*

L. 3. *Les obligations n'affectent que ceux entre lesquels elles ont été passées*, ou en leur place n'affectent que leurs héritiers ou représentans, ou bien n'affectent ceux qui n'y sont point intervenus que lorsqu'elles ont été passées en leur nom par des personnes qui en avoient le pouvoir.

L. 4. *Les conventions ou obligations sont nulles, si elles sont infectées d'une lésion assez considérable pour supposer la fraude ou le défaut de véritable consentement de la part d'une des parties, ou l'erreur de toutes les deux, en un mot, si l'on y reconnoît le défaut de cette union sincère de consentemens qui seule produit l'obligation.*

L. 5. La lésion d'outre moitié sera jugée comme suffisante pour annuller les contrats passés entre majeurs.

L. 6. Les contrats passés par des mineurs de vingt-cinq ans seront nuls par le motif de la moindre lésion, si celui qui a passé le contrat, pendant qu'il étoit en âge de minorité, mieux n'aime que l'effet de son contrat soit modifié de manière qu'il n'éprouve aucune injustice.

L. 7. Les obligations des mineurs de 25 ans pour une somme d'argent, ou pour cautionnement ou pour l'achat d'une chose mobiliaire, ou pour un prêt d'argent par eux reçu, quoiqu'elles ne soient point en apparence lésives, seront néanmoins présumées telles & par conséquent nulles.

L. 8. Cependant le créancier d'un mineur qui pourra prouver que la somme ou autre chose qu'il a livrée au mineur a tourné au profit de ce mineur, *pourra agir contre lui pour la valeur de cette somme ou chose*, en tant que cette somme est équivalente au profit que le mineur en a retiré, ou du moins pour l'équivalent du profit que le mineur en a retiré.

L. 9. Les contrats nuls des mineurs peuvent être par eux ratifiés expressément ou tacitement, dès qu'ils ont atteint l'âge de majorité, & ces contrats sont censés tacitement ratifiés, lorsque le mineur a différé pendant cinq années, à compter de l'inftant où il a atteint l'âge de majorité, a différé, difons-nous, de réclamer contre la nullité de fon contrat.

L. 10. Toutes les obligations par corps feront nulles & on ne pourra jamais emprifonner quelqu'un, pour dette, fi ce n'eft pour caufe de commerce, conformément à l'ordonnance fur le commerce dont nous ordonnons l'entière exécution.

L. 11. Tous ceux qui feront munis d'un droit par fucceffion ou en vertu d'une donation valable, ou en vertu d'un contrat ou convention légitime, ou en vertu de toute autre jufte obligation, pourront exercer une action judiciaire pour obtenir ce qui leur eft dû, & la fentence qu'ils obtiendront leur donnera action fur les biens du débiteur, à moins qu'ils ne puiffent faire procéder avant la fentence à la faifie de ces mêmes biens par un droit d'hypothéque déjà acquis.

L. 12. Les créanciers ne pourront faire faifir les bœufs ou bêtes de labour, ni la cl ·rrue de leurs débiteurs, à l'exception du créancier pour vente de ces mêmes bêtes de labour. Aucun créancier ne pourra non plus faire saisir les vêtemens de son débiteur dont celui-ci a besoin pour son usage ordinaire, ni le lit où il repose lui & ses enfans, ni les provisions de bouche qui n'excèdent pas un mois de nourriture du débiteur & de la famille qu'il nourrit. Mais il faut excepter le créancier qui auroit vendu lui-même ce lit ou ces provisions de bouche dont il pourroit prouver l'identité.

L. 13. *Les obligations s'éteignent par leur accomplissement, ou par une juste compensation, ou par la remise de la dette, enfin par le consentement donné de la part de ceux qui peuvent renoncer à leurs droits.* Mais elles ne s'éteindront plus à l'avenir par la cession des biens dont nous abrogeons entièrement le privilége, reservant seulement le droit de faire cession à ceux qui sont obligés pour dettes de commerce en conformité de l'ordonnance sur le commerce.

L. 4. *Dans l'interprétation des ambiguités d'une convention ou obligation, on s'attache au vrai ſens de l'obligation plutôt qu'à la lettre, ou bien on ſuit ce qui paroît le plus vraiſemblable, ou on ſe règle par ce qui a précédé le contrat, ou bien l'obligation s'explique par les uſages reçus dans le pays où l'on a contracté, ou bien ſi aucun de ces moyens ne peut aider à l'interprétation, on réduit l'obligation autant qu'il eſt poſſible, c'eſt-à-dire, on l'explique en faveur de l'obligé.*

L. 15. *Dans le doute, il faut juger en faveur de celui qui poſsède ou en faveur de la liberté.*

L. 16. *Les obligations dont l'échéance n'eſt point fixée dans le contrat doivent être exécutées ſans délai, & à la première demande qu'en fait le créancier.*

L. 17. L'exécution des obligations ne pourra jamais être ſuſpendue par des répits, lorſque l'exécution de ces obligations fera ordonnée par des fentences définitives. Ces répits n'auront jamais lieu contre des fentences.

L. 18. Si les parties n'ont point exprimé dans leur accord le lieu où doit être faite la délivrance d'une chofe mobiliaire, cette chofe fera délivrée dans le lieu où elle fe trouvera, à moins que le créancier ne paroiffe fondé à demander que la délivrance en foit faite dans un autre lieu où la chofe devoit fe trouver.

TITRE II.

Des Cautionnemens.

Loi. 1. *Les contrats de cautionnement pour une obligation nulle dans fon principe font également nuls, à moins que la nullité de l'obligation ne foit perfonnelle au principal obligé*; comme, par exemple, fi la nullité étoit fondée fur la minorité du principal obligé.

L. 2. Il fera permis au fidéjuffeur ou

caution, le temps de la dette échu, de sommer le créancier de se faire payer par le principal débiteur, pourvu toutefois que le fidéjusseur n'ait point consenti à être aussi considéré comme débiteur principal ; & si le créancier après la sommation néglige de poursuivre le débiteur, & que par cette négligence celui-ci demeure insolvable, dès-lors le fidéjusseur ne sera point tenu de payer à sa place.

L. 3. En général les cautions ou fidéjusseurs ne sont forcés à remplir les obligations dont ils ont répondu que lorsque le principal obligé n'a pu les remplir lui-même. Mais, dans l'acte de cautionnement, il est permis au fidéjusseur de renoncer au privilége qu'il a de ne pouvoir être attaqué, avant que le créancier ait discuté le principal débiteur.

L. 4. Lorsque le fidéjusseur a payé, *il est en droit*, après le terme de l'écheance, *de demander son remboursement au débiteur principal*, pourvu qu'il ait payé d'une manière capable d'opérer la libération du débiteur envers le créancier, pourvu aussi qu'il n'ait pas négligé d'opposer au créancier les exceptions que le débiteur pouvoit opposer, ou du moins pourvu qu'il n'ait pas négligé d'appeler en cause le débiteur principal, afin qu'il vînt opposer ses exceptions.

L. 5. Le fidéjusseur a le privilége d'obliger le créancier qu'il paye ou qu'il a payé, de lui céder tous ses droits & actions, non-seulement contre le débiteur principal, mais encore contre tous ceux qui ont contracté quelque obligation dépendante de l'obligation principale.

L. 6. Le débiteur principal qui néglige pendant plus d'une année de payer la dette, après son échéance, peut être poursuivi par son fidéjusseur pour être forcé à payer la dette, ou lui procurer sa décharge.

L. 7. Lorsque le fidéjusseur a été condamné à payer la dette pour laquelle il a cautionné, *il a dès ce moment action contre le débiteur principal, pour l'obliger à payer lui-même la dette.*

L. 8. Le fidéjusseur peut demander la saisie & séquestration des biens du débiteur principal, lorsque celui-ci a dérangé ses affaires, & qu'il y a lieu de craindre qu'il ne devienne insolvable.

TITRE III.

De l'Hypothéque, des Intérêts & du Prêt.

Loi 1. Il n'y aura que les obligations passées par acte public devant un Notaire, ou celles qui s'ensuivent d'une sentence rendue par un Juge compétant qui emportent hypothéque sur les biens du débiteur, sauf les droits réels qui dérivent d'une disposition de dernière volonté, ou du titre d'héritier légitime, ou de tout autre juste titre.

L. 2. Toutes obligations & sentences au-dessus de mille livres emporteront hypothéque

hypothéque dans tout le royaume, quoiqu'elle n'y soit pas exprimée ; * mais les obligations ne porteront hypothéque qu'à dater du moment où elles auront été enregistrées au contrôle du domicile du débiteur.

L. 3. Celui qui s'oblige devra exprimer dans le contrat le lieu du contrôle où sont enregistrées ses précédentes obligations non éteintes, qu'il a contractées personnellement ; ou s'il a changé de domicile, il devra faire mention des différens lieux où il y a de ses obligations enregistrées. Mais faute par le créancier d'avoir exigé cette déclaration, la validité du contrat n'en sera point altérée ; le créancier pourra postérieurement exiger cette déclaration par instance judiciaire.

---

* Suivant les arrêtés de Lamoignon, les sentences & obligations au dessus de 500 liv. devoient emporter hypothéque dans tout le royaume ; mais depuis la rédaction de ces arrêtés, le prix des marcs d'or & d'argent a beaucoup augmenté.

L. 4. L'obligé qui aura fait cette déclaration d'une manière insuffisante ou contre la vérité, sera présumé avoir agi ainsi frauduleusement : dans ce cas il sera permis au créancier de le poursuivre criminellement, & même le créancier pourra exiger tout de suite sa créance, quoiqu'elle ne fût point exigible, sous les modifications que le Juge croira par équité devoir mettre à cette exaction.

L. 5. Il sera permis dans le contrat d'obligation de stipuler que le créancier retiendra une somme qui lui aura été laissée par le débiteur & qui sera celle qui devra subvenir aux frais de contrôle. Le tarif des droits de contrôle sera annexé au présent Code.

L. 6. Il n'y aura d'hypothéque spéciale préférable, quoique postérieure à l'hypothéque générale, qu'en faveur du vendeur de la chose hypothéquée, & pour le prix de cette vente ; encore faudra-t-il que cette hypothéque spéciale ait été exprefsément stipulée par acte public, ou que l'acheteur ait déclaré aussi, par acte public, ne tenir la chose achetée qu'à titre de précaire. Pareils actes contenant une hypothéque spéciale devront être enregistrés dans l'espace d'un mois à dater depuis la vente ; & alors l'hypothéque spéciale datera depuis l'instant de la vente ; autrement l'hypothéque ne datera que du jour de l'enregistrement.

L. 7. Nous réservons néanmoins le droit de suite ou d'hypothéque tacite sur les choses mobiliaires vendues suivant ce qui est déjà en usage ou suivant ce qui sera établi par les statuts particuliers. Nous réservons encore le *droit d'hypothéque tacite qu'ont les ouvriers* employés à une construction ou à tout autre ouvrage, sur la chose qu'ils ont améliorée, pour les *assurer du payement de leur travail.*

L. 8. Les intérêts de la somme, au payement de laquelle on est obligé par sentence, ou en vertu d'autre titre légitime, courront aux termes de ce titre, ou courront à raiſon du cinq pour cent après due interpellation; & ſi au lieu du payement d'une ſomme, il s'agit de la tradition d'une choſe mobiliaire ou immobiliaire, les mêmes intérêts courront au préjudice de celui qui eſt en demeure, ſuivant l'eſtimation qui ſe fera de cette choſe.

L. 9. Les intérêts qu'on ſtipule dans un contrat de prêt ou dans toute autre obligation, pour n'être point jugés illégitimes ou uſuraires, ne devront pas s'élever au-deſſus du ſix & demi pour cent, lorſque le rembourſement du principal reſte à l'arbitre de la perſonne obligée.

L. 10. Lorſque la reſtitution du principal ſera ſtipulée dans un terme convenu d'une manière fixe, & qui n'aura pas été laiſſée à l'arbitre du prêteur, les intérêts ne pourront s'élever au-deſſus du cinq pour cent. *

* Ce n'eſt qu'en politique que je propoſe ces loix relatives à l'uſure. S'il y a des loix religieu-

L. 11. Si on ſtipule que le principal ſera rembourſable ſans aucun délai à toutes les réquiſitions du prêteur, l'intérêt ne pourra s'élever au-deſſus du trois pour cent.

L. 12. Si on ſtipule que le principal ſera rembourſable non ſans délai à toutes les réquiſitions du prêteur, mais ſeulement & tout au plutôt deux mois après l'interpellation qu'il aura faite, l'intérêt convenu pourra s'élever au quatre pour cent.

L. 13. Mais ſi c'eſt à des marchands ou négocians que le prêt a été fait, l'intérêt convenu pourra s'élever juſqu'au cinq pour cent, quoique le principal ſoit rembourſable ſans délai à toutes les réquiſitions du prêteur. L'hypothéque pour l'aſſurance d'un ſemblable prêt ne pourra être préſumée ni même ſtipulée; elle n'au-

---

ſes qui s'y oppoſent, je penſe qu'il faut uſer des moyens convenables pour que l'autorité ſpirituelle ſoit miſe d'accord avec l'autorité temporelle.

ra lieu que du jour auquel aura été signifiée la sentence de condamnation.

L. 14. Si le prêt fait à des marchands ou négocians peut être considéré comme un pur acte de société, dès-lors *il pourra produire de plus grands intérêts qui s'estimeront à proportion, & suivant la part expressément prise à la société.* Mais il faut dans ce cas que le prêteur se soit soumis expressément à courir les mêmes périls ou une partie des périls courus par l'emprunteur dans l'emploi spécialement de la somme empruntée.

L. 15. Entre citoyens de quelque condition qu'ils soient, lorsqu'il aura été fait un prêt sans intérêt, l'intérêt au cinq pour cent de la somme prêtée ou du prix de la chose prêtée courra du jour auquel la restitution du prêt aura été judiciairement demandée.

L. 16. Il sera permis de stipuler que la somme prêtée sera remboursée dans l'espace de quatre ans révolus, savoir :

un quart juſte de cette ſomme à l'expiration de chacune des annuités, & que le débiteur payera, à l'expiration d'une cinquième année, une autre ſomme ſemblable à un des quarts déjà payés ; ce qui comprendra l'extinction du principal & des intérêts.

L. 17. A plus forte raiſon tout autre contrat dans ce genre qui ſera moins onereux à l'obligé, ſera permis. Mais il eſt prohibé, comme uſuraire, de ſtipuler qu'en cas de retardement du payement des intérêts, ces intérêts ſeront joints au principal pour porter d'autres intérêts. La même prohibition a lieu pour le retard du payement d'annuités d'une obligation dont l'extinction en principal & intérêts doit ſe faire dans un nombre d'années déterminé.

L. 18. L'emprunteur d'une choſe qui ſe conſume par l'uſage, & dont la reſtitution doit ſe faire par une choſe de la même eſpèce, eſt tenu de la perte de cette chose arrivée par des cas fortuits. Mais le prêt à usage est différent du prêt de consomption ; en ce qu'il ne rend point l'emprunteur responsable des évènemens fortuits qui occasionnent la perte de la chose prêtée. Il est seulement tenu de réparer les pertes ou dommages arrivés par sa faute ou par sa négligence.

L. 19. S'il arrive dans un incendie, que celui qui a reçu quelque chose en prêt, ne pouvant sauver qu'un certain nombre de choses a sauvé celles qui lui appartenoient préférablement à la chose prêtée ; *il est tenu d'en réparer la perte.*

L. 20. Lorsque l'emprunteur est en demeure de rendre la chose prêtée, après en avoir été interpellé, *il est tenu des dommages causés par les cas fortuits arrivés depuis qu'il est en demeure*, à moins qu'il ne soit évident que la chose prêtée auroit également péri entre les mains du prêteur, si elle lui avoit été rendue.

L. 21. *L'emprunteur a le droit d'exiger*

le remboursement des dépenses qu'il a faites de bonne foi pour la conservation de la chose prêtée ; ce qui s'entend des dépenses extraordinaires & non des dépenses ordinaires & peu considérables : par exemple, s'il s'agit du prêt d'un cheval, la nourriture du cheval prêté est à la charge de celui qui l'a emprunté ; mais les frais d'une maladie survenue à ce cheval, sans qu'il y ait de la faute de l'emprunteur, doivent lui être remboursés.

L. 22. L'emprunteur est encore *en droit d'exiger le dédommagement du préjudice qu'il a reçu du prêt*, si celui qui a prêté, étant instruit du risque qu'il y avoit à faire usage de la chose qu'il a prêtée, ne l'en a point averti. Comme par exemple, si quelqu'un prête des tonneaux propres à gâter le vin, sachant que ces tonneaux ont un tel défaut, & n'en avertit pas celui qui les emprunte, il est responsable de tout le préjudice que souffre l'emprunteur.

TITRE IV.

De quelques autres espèces de contrats ou obligations.

Loi 1. Les Juges seront circonspects, lorsqu'il s'agira d'annuller des transactions, *car elles doivent être rescindées plus difficilement que d'autres actes*, à cause des haines que les procès occasionnent, & à cause des frais judiciaires & des embarras que les transactions épargnent.

L. 2. *Toutes sortes de contestations peuvent être compromises à des arbitres choisis par les parties*, en exceptant les contestations qui sont sur l'état d'un homme & la légitimité de sa naissance, en exceptant aussi les affaires criminelles & toutes celles qui intéressent le public.

L. 3. *Les mandats ou procurations ont lieu soit qu'ils ayent été faits expressément, soit tacitement. Un mandataire ne doit point excéder les bornes du mandat qu'il a reçu.*

L. 4. Lorsqu'il y a lieu de prêter serment en justice sur la vérité d'un fait, ou de faire des réponses judiciaires à des articles ou interrogatoires, celui qui est nanti d'une procuration générale & indéfinie, *ne peut tenir la place de constituant*, à moins que pour ces objets particuliers, il ne reçoive une approbation expresse de la part du constituant.

L. 5. Les mandataires ou procureurs qui ont accepté le mandat, *sont tenus d'administrer avec soin les biens qui leur sont confiés, de rendre compte de leur administration, de remettre au constituant les fruits qu'ils ont perçus & de réparer les préjudices qu'ils ont occasionnés, soit par dol, soit par négligence, soit par quelque faute même légère.*

L. 6. Les obligations du constituant sont, outre celles dont il est convenu expressément, *de rembourser au mandataire toutes les dépenses qu'il a faites de bonne foi pour accomplir son mandat, ainsi que celles qu'il a faites pour l'entretien & la conser-*

vation de la chose qui lui avoit été confiée.

L. 7. Le mandataire ou procureur *peut se décharger du mandat qu'il a accepté*, toutes les fois qu'il arrive des circonstances imprévues qui font que, s'il exécutoit le mandat, il souffriroit un préjudice considérable.

L. 8. *Le dépôt doit être sacré.* Si le dépositaire est créancier du déposant, il ne peut se payer de lui-même sur la chose déposée & la retenir en compensation.

L. 9. S'il y a un concours de créanciers sur les biens du dépositaire, le créancier pour cause de dépôt *a la préférence sur la chose déposée* contre tous autres créanciers du dépositaire, même privilégiés au cas qu'elle se trouve encore entre les mains du dépositaire ; & au cas qu'elle ne s'y trouve plus, il est placé pour la valeur de cette chose immédiatement après les créanciers privilégiés & de préférence aux autres créanciers.

L. 10. Toute personne qui a fait un dépôt, quand même elle se trouveroit sous la puissance d'autrui, a action contre le dépositaire pour réclamer la chose déposée.

L. 11. Les cas fortuits qui causent la perte ou la détérioration de la chose déposée *ne sont pas à la charge du dépositaire*, 1°. s'il n'y a point de convention contraire, 2°. s'il n'est point en demeure de rendre le dépôt, 3°. s'il ne s'est pas offert lui-même à être le dépositaire, 4°. s'il n'a rien reçu pour la garde du dépôt, 5°. enfin s'il n'a pas occasionné cette perte ou détérioration par dol ou par quelque faute grave.

L. 12. Quoiqu'en général les héritiers ne soient tenus du dol de celui qu'ils représentent que jusqu'à concurrence de l'augmentation que ce dol a procurée dans les biens de l'hérédité, cependant le déposant aura action contre les héritiers du dépositaire, pour tous les dommages que ce dépositaire aura causés par dol à la chose déposée, quand même ces dommages n'auroient pas tourné au profit de l'hérédité. Mais cette action n'aura lieu qu'en tant que l'héritier ayant eu connoiſſance du dépôt n'a pas laiſſé d'accepter l'hérédité ; ou bien s'il a accepté l'hérédité avant d'être inſtruit des prétentions qui devoient s'élever contre lui pour cauſe d'un dépôt fait entre les mains d'un défunt, l'action du dépoſant ne pourra ſe diriger que contre les biens de l'hérédité, & non contre les biens propres de l'héritier.

L. 13. Le payement d'une choſe qui n'eſt pas due fait par celui qui croyoit la devoir, emporte contre celui qui a reçu ce payement, l'obligation de rendre.

L. 14. *La fraude ou la trop grande léſion devant être proſcrites de toute eſpèce de contrats, une vente devient nulle*, lorſqu'on découvre des vices conſidérables de la choſe vendue qui n'avoient pas été déclarés par le vendeur.

L. 15. Si l'acheteur ne veut point rendre nulle la vente qu'on lui a faite d'une chose dont il n'a pas connu les vices considérables, & ne veut, en rendant cette chose, exiger la restitution du prix entier qu'il en a payé, *il peut se faire rendre une partie du prix* payé proportionnée à la diminution de valeur que des experts estimeront se trouver dans la chose vendue relativement aux vices dont il s'agit.

L. 16. Cette restitution du prix ou d'une partie du prix de la vente *n'a pas lieu*, lorsque le vice dont l'acheteur se plaint est un vice apparent, & dont il devoit s'appercevoir au temps de la vente. Mais l'acheteur conserve toujours le droit de faire casser la vente pour cause de lésion d'outre moitié.

L. 17. L'acheteur ne peut exiger que les qualités de la chose vendue qui lui ont été annoncées par le vendeur, soient véritables dans la plus exacte rigueur. *Il suffit* que ce que le vendeur a dit lors de la vente, se trouve à peu près véritable,

& qu'il n'y ait point eu de mauvaise foi de sa part.

L. 18. Nous reservons l'exécution des statuts ou coutumes qui fixent le temps pour prescrire l'action redhibitoire du prix d'une vente. Mais par tout où les loix coutumières n'auront rien fixé à cet égard, nous statuons que l'action redhibitoire du prix ou d'une partie du prix ne pourra s'exercer que dans l'espace de six mois. Nous statuons encore que l'action, pour annuller une vente pour cause de lésion d'outre moitié, ne s'exercera que dans l'espace d'une année relativement à la vente des choses mobiliaires. Mais la prescription devra être de cinq années relativement aux ventes d'immeubles qui sont lésives d'outre moitié.

L. 19. Celui qui a vendu la chose d'autrui, est obligé envers l'acheteur de lui remettre la chose vendue, en la rachetant du vrai propriétaire, ou de lui en remettre une pareille, ou de *l'indemniser de tout ce qu'il qu'il pourroit perdre* par l'éviction ou réclamation du vrai maître de la chose vendue *qui a certainement le droit d'empêcher* que cette vente ait son effet.

L. 20. Nous réservons l'exécution des coutumes diverses touchant les loyers des maisons ou les baux à ferme des biens ruraux ; & les loix suivantes, insérées à ce sujet sous ce titre, n'auront lieu que dans les cas où les statuts particuliers seront muets.

L. 21. Si après l'expiration du temps prescrit pour le louage ou bail à ferme, le locataire ou conducteur a continué de jouir de la propriété louée sans en être empêché par le propriétaire, cela sera regardé comme une convention tacite qui renouvelle la location, & ce renouvellement tacite aura son effet pour une année seulement relativement aux biens ruraux, & pour six mois relativement aux maisons ou chambres précédemment louées pour un temps au moins de six mois.

L. 22. Pour aſſurer en faveur du locateur l'accompliſſement des obligations du conducteur ou du locataire, les fruits provenans de la propriété louée lui *ſont tacitement hypothéqués*. S'il s'agit d'une maiſon, les meubles qui y ont été placés par le locataire, ſont tacitement hypothéqués pour le prix de ſa location.

L. 23. Lorſque le locataire d'une maiſon n'a pu jouir d'une partie de la maiſon qu'il avoit louée, à cauſe des embarras occaſionnés par des réparations que le propriétaire a voulu y faire, *il doit avoir remiſe du loyer pour cette partie de maiſon*, à moins qu'il n'ait diſcontinué d'en jouir que pendant un temps peu conſidérable.

L. 24. Les locataires ou conducteurs *ſont reſponſables* non-ſeulement des dommages qu'ils ont cauſés par leur propre fait, mais auſſi de ceux qui ont été cauſés par leurs domeſtiques ou employés, & par les autres perſonnes qu'ils ont fait habiter avec eux dans la maiſon louée.

L. 25. Il eſt permis à un locataire de ſous-louer ſans l'intervention ni le conſentement du propriétaire, *à moins qu'on ait convenu expreſſément du contraire.* Il eſt auſſi permis à un fermier de ſous-affermer : mais *on ne doit pas ſous-louer ni ſous-affermer pour d'autres uſages que pour ceux dont on eſt convenu avec le propriétaire.*

L. 26. Lorſque des cas fortuits cauſent la perte de la propriété donnée à bail, *le preneur ne doit plus payer le loyer ou la rente de ce dont il ne jouit plus.* Mais en général lorſque des cas fortuits ont ſeulement cauſé la perte des fruits que le conducteur devoit percevoir, cette perte étant à la charge du conducteur, il n'eſt pas diſpenſé de payer la rente.

L. 27. Il y a des cas auxquels la perte des fruits provenans d'un fonds de campagne donné à ferme *ſont imputés au propriétaire* de ce fonds & non au fermier, c'eſt-à-dire, le fermier qui eſt privé de ces fruits eſt en droit de ne point payer la rente, ou bien de ne pas la payer en entier. *Cela a lieu* toutes les fois que quelque événement extraordinaire a détruit ou endommagé très-considérablement une récolte, & que le fermier ne se trouve point dédommagé par quelque autre produit du fonds affermé.

L. 28. *Le locataire* ou conducteur, en finissant son bail, *est obligé de laisser la propriété louée dans le même état où elle étoit, lorsqu'il a commencé d'en jouir.*

L. 29. Le conducteur ou locataire *est fondé à exiger le remboursement* des réparations nécessaires ou utiles qu'il a faites dans la chose louée, autres que celles des dommages causés par son propre fait. *Il peut aussi exiger le remboursement des améliorations* qu'il a faites dans la propriété louée, si ces améliorations tournent au profit du propriétaire, à moins qu'il n'ait été chargé de faire ces dépenses ou améliorations par les conventions expresses ou tacites du bail.

L. 30. Le locataire ou fermier qui ne paye point le loyer ou le prix de la ferme *peut être expulsé* de son bail. *Il en est de même s'il mésuse* ou fait un usage illicite de la propriété louée.

L. 31. Le propriétaire d'une maison qui l'a louée, peut reprendre cette maison, s'il a besoin de s'en servir lui-même; mais il doit donner au locataire six mois de temps pour en chercher une autre, ou bien l'indemniser du préjudice qu'il souffre.

L. 32. Le bail d'une propriété quelconque finit, lorsque le maître de cette propriété en a fait la vente, à moins que la vente ait été faite avec convention portant que l'acheteur laissera jouir le locataire ou conducteur pendant tout le reste du temps fixé par le bail. Mais il faut observer que le maître de cette propriété qui en fait la vente, doit, s'il s'agit d'une maison, faire jouir le locataire six mois après la vente; s'il s'agit d'un bien de campagne, il doit faire ensorte que le fermier perçoive les fruits des terres qu'*il a cultivées*, ou qu'il devoit cultiver dans le courant d'un mois après qu'il a été inſtruit de la vente ; autrement le vendeur eſt tenu de payer tous les dommages & intérêts qui ſont dûs au locataire ou conducteur qui eſt privé de la jouiſſance de ſon bail.

L. 33. *Le locataire eſt fondé à délaiſſer la propriété louée*, & à demander la réſolution du bail, lorſqu'il eſt empêché de jouir entièrement de la choſe louée, ſuivant l'uſage qu'il avoit prétendu en faire en la louant, ou bien par tout autre motif équitable.

L. 34. Un contrat de ſociété *ne peut jamais affecter les héritiers* des aſſociés *à l'effet* que ceux-ci ſe trouvent obligés à continuer la ſociété. Ces héritiers repréſentent ſeulement le défunt pour exiger ce qui lui étoit dû, ou payer ce qu'il devoit.

L. 35. Les ouvriers ou entrepreneurs qui ſe chargent d'un travail ou d'une entrepriſe *répondent de tous les dommages ou dé-*

fauts causés par leur impéritie ou leur mauvaise foi.

TITRE V.

Des Preuves & des Présomptions.

Loi 1. La preuve d'un fait exige au moins le témoignage de deux personnes non suspectes ; mais en France à compter du jour de la publication du présent Code, on ne pourra recevoir en justice la preuve testimoniale relativement à une obligation ou une valeur pour une somme au-dessus de deux cent livres, que quand il y aura un commencement de preuve par écrit.

L. 2. *C'est au demandeur* à fournir les preuves, & postérieurement c'est au défendeur à fournir celles sur lesquelles il fonde ses exceptions. *Mais on ne peut exiger aucune preuve de la part de celui qui nie* ; elle doit être fournie par celui qui affirme quelque chose de positif.

L. 3. *Les préſomptions qui*, ſeules ou réunies en certain nombre, *doivent* raiſonnablement *être jugées équipollentes à des preuves, ſuffiſent pour ſonder une demande ou une exception.*

L. 4. Lorſqu'on a payé pendant trois années conſécutives une penſion annuelle en recevant acquit pour ces annuités, les arrérages des annuités précédentes ſont préſumés avoir été payés. De même lorſque le créancier a rendu au débiteur ſon billet d'obligation, la dette eſt préſumée payée.

L. 5. Celui qui n'empêche point qu'on agiſſe en ſon nom, lorſqu'il peut l'empêcher, *eſt cenſé donner un mandat tacite.* De même celui qui approuve ce qui a été fait en ſon nom, *eſt obligé* tout comme s'il avoit donné un mandat.

L. 6. Si les actes ou papiers qui contenoient une preuve par écrit ou un commencement de preuve par écrit, ont été perdus ou égarés, parce que celui qui avoit un intérêt à ce qu'on ne pût les produire, les a lui-même dérobés ou cachés, il suffit que l'on prouve que c'est lui qui les a dérobés ou cachés, pour qu'on soit remis à son égard dans la même situation où l'on seroit, si ces actes avoient été produits.

L. 7. Les insensés, ou ceux qui n'ont pas l'âge complet de quatorze ans, ou ceux qui sont notés d'infamie, non plus que les près parens d'un des contractans *ne peuvent servir de témoins* dans un acte public, ou même dans une convention privée. Mais le témoignage des jeunes personnes ou même des parens d'une partie, peut être entendu par les Juges qui y ont tel égard que de raison. Dans aucune matière le témoignage des parens *ne peut être d'aucun poids*, à moins qu'il ne soit soutenu par d'autres témoignages non suspects.

L. 8. *La présomption équivaut à une preu-*

ve complète, lorſque le fait qu'on induit eſt une conſéquence indiſpenſable d'un fait précédent, ſuivant la nature des choſes.

L. 9. Lorſqu'un écrit public ou privé contenant une obligation a été biffé, cancellé ou déchiré, *le débiteur eſt préſumé de droit libéré, à moins que le créancier ne prouve* que le débiteur a déchiré ou biffé le billet frauduleuſement ou par violence.

L. 10. Lorſque quelqu'un agit en reſtitution du payement d'une choſe non due, il doit prouver qu'il l'a payée par erreur, parce qu'on *préſume toujours que celui qui a fait un payement, étoit débiteur.*

L. 11. La preuve teſtimoniale de la légitimité d'état d'une perſonne pourra être admiſe, ſoit que les preuves par écrit aient été frauduleuſement ſupprimées, ſoit qu'il n'exiſte aucun commencement de preuves par écrit. Mais la moindre ſuſpicion fera rejeter les témoins dans de ſemblables cauſes, ou bien on en exigera un plus grand nombre que pour les preuves ordinaires, &

ſuffiſamment pour que la preuve devienne évidente. Ce qui eſt laiſſé à l'équité & à la circonſpection des Juges.

L. 12. Les Juges devront exiger ſurtout une preuve très-concluante, lorſqu'il s'agira de ſtatuer contre la teneur d'un acte public & authentique.

L. 13. *Il faut que le fait, dont on induit quelque préſomption pour s'en ſervir comme d'une preuve, ſoit indubitable.*

TITRE VI.

De quelques règles générales relatives aux Obligations.

Loi 1. Le tranſport ou ceſſion de droits ſur un débiteur n'aura lieu que du moment qu'il aura été ſignifié au débiteur.

L. 2. *L'intention vraiſemblable des parties vaut quelquefois un acte exprès* : par exemple, l'acte de ſociété emporte l'obligation de partager également les profits & les pertes.

L. 3. *La bonne foi exige qu'on revienne contre tout ce qui s'est fait par erreur* : par exemple, une somme payée par erreur doit être rendue.

L. 4. La même bonne foi exige qu'*on annulle tout ce qui a été fait par fraude ou par violence.*

L. 5. *On ne répond que de son propre fait* ; mais non du fait d'autrui.

L. 6. *Il n'est point permis de s'enrichir ou de tirer avantage du préjudice d'un tiers, sans le fait ou le consentement de ce tiers.* Ainsi celui qui a fait des dépenses utiles à la chose d'autrui peut en demander le remboursement.

L. 7. *Celui qui a porté quelque préjudice à autrui doit le réparer, quoiqu'il n'en ait lui-même retiré aucun profit.*

L. 8. *Il est naturel que celui qui reçoit quelque profit ou agrément d'une chose, supporte les incommodités ou les désavantages que cette même chose procure.*

L. 9. *Ceux qu'on appelle en justice pour l'exécution d'un contrat que la bienfaisance leur a dicté, ne peuvent être condamnés que sous la réserve de ce qui leur est nécessaire pour vivre.*

L. 10. *On n'est point responsable des suites d'un conseil donné de bonne foi ; mais on l'est d'un mauvais conseil donné par malice.*

L. 11. *Tout ce qu'on fait en faveur de quelqu'un par un sentiment de bienfaisance ou par libéralité, peut être discontinué & ne prescrit aucune obligation.*

L. 12. *Personne n'est forcé à recevoir une donation ou un bienfait ; mais on ne peut accepter une donation ou un legs pour une partie, & les répudier pour l'autre.*

L. 13. *Celui qui tire avantage du travail d'une personne, doit répondre des dommages causés à autrui par cette même personne, en ce qu'il lui a ordonné de faire, ou en ce dont il retire le profit.*

L. 14. *On peut alléguer utilement en justice l'ignorance des faits ; mais l'ignorance des loix ne peut servir d'excuse.*

TITRE VII.

Des obligations qui résultent des Loix reçues.

LOI PREMIERE. Parmi les loix renfermées ou sous-entendues dans ce Code, *celles qui sont de droit naturel ou qui sont dictées par une raison universelle, dont l'empire est répandu parmi les hommes, imposent une obligation indispensable de s'y soumettre.*

L. 2. Les loix positives sont non-seulement obligatoires en vertu de la puissance législative qui les a sanctionnées, mais sur-tout à cause de la soumission volontaire à ces loix, & de l'adhésion universelle des sujets de l'état que nous avons entrainée, en rendant le plus qu'il a été possible ces loix utiles à la société, & les plus conformes à une raison éclairée autant qu'elle a pu s'éclairer. Ainsi cette forme qui a été suivie avant de sanctionner ce Code, oblige naturellement tous les citoyens à concourir avec droiture à l'exécution de ces loix, & même, si un cas extraordinaire le requéroit, à prêter leurs forces aux Magistrats pour le maintien du droit de propriété, ou de l'équité qui intéresse la société entière.

L. 3. Voulant parvenir à simplifier les loix précédemment trop compliquées dans ce Royaume, & à les mettre à portée de la plûpart des citoyens, nous abolissons toutes les dispositions des anciennes coutumes du Royaume auxquelles on peut déroger par convention. Nous avertissons qu'une telle abolition n'a rien de violent; car les sujets que cette abolition blesseroit pourront se conserver les droits qui sont relatifs à ces coutumes, en y pourvoyant par leurs conventions expresses. Ces droits sont le douaire, le mariage divis, la communauté des biens, le préciput légal, l'ameublissement, les gains de survie.

L. 4. L'ordonnance civile de 1667, concernant les procédures, continuera à être exécutée, ſauf les modifications que nous jugerons à propos d'y mettre, pour abréger les procédures ou les rendre moins diſpendieuſes.

L. 5. Toutes les ordonnances, loix & coutumes civiles précédemment reçues dans le Royaume, & dont l'exécution n'eſt point ici reſervée, ſont abrogées par le préſent Code, non ſeulement touchant les matières ſur leſquelles ce Code a ſtatué, mais encore touchant les matières ſur leſquelles ce Code a gardé le ſilence. Ainſi par exemple le droit du retrait lignager ſe trouvera aboli dans tout le Royaume. *

* Si cette abolition abſolue du retrait lignager dont j'ai fourni ailleurs les motifs, n'eſt point du goût de quelques provinces, il importeroit qu'elles conſentiſſent au moins à reſtreindre ce droit lignager, par exemple, le permettre ſeulement aux parens de la ligne du vendeur juſqu'au troiſième

L. 6. Cependant chaque commune dans les villes où il y a bailliage, préſidial ou ſénéchauſſée, dreſſera le plan des ſtatuts particuliers qu'elle déſire faire obſerver pour être communs à tout ſon reſſort. Chaque ville qui ſuivoit précédemment une coutume particulière, indépendamment de celle de ſa Province, dreſſera le même plan, & ces ſtatuts ſeront préſentés à la Cour ſouveraine de la Province pour y être examinés & autoriſés, ſauf d'autoriſer à faire de ſemblables ſtatuts dans certaines villes ou lieux particuliers, ſi les circonſtances l'exigent. On ne s'occupera point dans ces ſtatuts des matières de juriſprudence définies & réglées par le préſent Code. On s'y occupera notamment de ce qui eſt relatif à la localité, comme des varechs ou choſes jetées ſur le bord de la mer. On s'occupera du

---

degré en quel ſens que ce ſoit, & ne le permettre que dans l'an & jour, ſuivant les arrêtés de Lamoignon.

placement ou déplacement des limites des champs, des règles fixes pour la largeur des chemins de servitude, de la plantation des arbres à un certain éloignement de la propriété du voisin, de l'abigeat, des règles suivant lesquelles on peut faire dépaître les troupeaux, des dommages causés aux biens de campagne; on pourra y adopter des règles touchant les baux à ferme des biens ruraux, ou les louages des maisons, ou les servitudes urbaines ou rustiques. On y fixera la manière d'user des propriétés particulièrement communes aux habitans du pays dont on dressera les statuts. Enfin on y pourra traiter des obligations de tous ceux qui tiennent au public par leur métier ou par quelque engagement ou par quelque emploi municipal. Tous ces objets ou autres semblables qu'il importe seulement de faire connoître aux habitans des diverses provinces ou communes pourront être réglés par des statuts particuliers. Ce qui sera indépendamment d'autres statuts particuliers déjà reçus concernant les arts & métiers , lesquels statuts ne doivent guères être connus que de ceux qui exercent ces arts ou métiers.

L. 7. Enfin nous réservons l'exécution de toutes les ordonnances précédentes concernant le droit public, que nous nous proposons de réunir dans un seul Code particulier pour en faciliter la connoissance à tous les sujets français, sauf d'y ajouter ou diminuer. L'objet du présent Code n'a été que de régler les matières civiles. Mais s'il se trouve que nous n'ayons pas pourvu à tous les cas qu'il importe de prévoir, *

* Dans divers Etats généraux on a demandé de n'être point jugé d'équité. Le Code que je viens de tracer est le plus propre, à mon avis, qu'on puisse donner pour restreindre les décisions arbitraires des Juges. Mais ce seroit une absurdité de prétendre indéfiniment que jamais les tribunaux ne jugent d'équité, ainsi que je l'ai démontré dans de précédens ouvrages. Quand on s'est plaint des tribunaux qui jugeoient d'équité, c'est qu'on avoit à se plaindre de ce qu'ils jugeoient trop souvent contre l'équité. Il n'y avoit d'autre moyen pour

on pourra réclamer la loi qui paroîtra néceſſaire ; & juſqu'à ce qu'une nouvelle loi civile quelconque ſoit rendue ; on ſera jugé par l'équité des tribunaux pour les cas non prévus.

---

faire ceſſer ces plaintes, que de bien compoſer les tribunaux, & de leur donner à ſuivre un Code ſuffiſant qui, étant à portée de tous les citoyens, permit au public de juger à ſon tour ſes juges.

FIN.

INDICATION

Des preuves justificatives du Code proposé.

OUtre les divers ouvrages précédemment cités, dans lesquels le rédacteur du Code proposé a déjà soumis aux Juristes les principes qu'il adopte en matière civile, il peut encore fournir d'ultérieures preuves justificatives de la rédaction dont il s'est occupé, si toutefois l'Assemblée nationale jugeoit ces preuves nécessaires ou utiles. Il offre de soumettre à cette Assemblée, ou à un comité de rapport les manuscrits suivans qui, réunis ensemble, n'excéderoient pas l'étendue d'un volume *in*-8°.

I. MANUSCRIT contenant 1°. 94 articles d'un Réglement qu'il paroîtroit nécessaire d'adopter en France, si l'on conservoit la diversité des Coutumes, 2°. des notes justificatives de chacun de ces articles, 3°. des observations sur l'insuffisance d'une telle réforme dans la jurisprudence, 4°. un exemple des procédés que l'Auteur a ſuivis pour fixer ſes idées avant de tracer les articles d'un nouveau Code. Il a choiſi, pour cet exemple, l'établiſſement de la puiſſance paternelle dans tout le Royaume.

II. MANUSCRIT contenant 1°. le tableau du plan général que l'Auteur a ſuivi, pour la rédaction d'un Code civil uniforme, 2°. l'indication briève des moyens propres à faciliter la conciliation du droit romain avec la Coutume de Paris, 3°. tableau où ſe trouve réduite, ſous trois colonnes, la ſubſtance de ce que l'Auteur a diſcuté précédemment touchant les dix-ſept articles de la Coutume de Paris, qu'il ſuffit de concilier avec le droit romain pour fixer un point de réunion entre les diverſes Coutumes françaiſes.

III. MANUSCRIT : preuve particulière du plan de conciliation précédent. Application de ce plan à la Coutume de Bourgogne.

INDICATION.

IV. MANUSCRIT : autre preuve particulière. Application du même plan à la Coutume de Bretagne.

V. MANUSCRIT : autre preuve particulière. Application du même plan à la Coutume de Vermandois.

VI. MANUSCRIT : autre preuve particulière. Application du même plan à la Coutume de Normandie.

Par la méthode que l'Auteur a ſuivie, en appliquant le plan général dont il s'agit à cinq grandes Coutumes du Royaume, il réſulte que ſon travail eſt équivalent à celui par lequel on auroit examiné & comparé toutes les Coutumes françaiſes.

www.ingramcontent.com/pod-product-compliance
Ingram Content Group UK Ltd.
Pitfield, Milton Keynes, MK11 3LW, UK
UKHW020247250726
13967UKWH00004B/1560